キッチン「から」片づければ、家は必ずキレイになる!

お片づけ習慣化コンサルタント
西崎彩智

小学館

片づけは人生をリスタートさせるはじめの一歩

部屋を片づけることは、空間を整えることだけではありません。時間やお金、人間関係や家族のつながりを取り戻す、つまり、自分の人生を取り戻すことだと思っています。私自身もそうでしたし、主催しているお片づけ習慣化講座「家庭力アッププロジェクト®」の受講生2000人以上の方の結果を見て、そう確信しています。

部屋を片づけたいと思っている人は、やるならちゃんとやりたい、時間がしっかり取れる時に始めたいなど、まじめで完璧主義な上昇志向の方が多いと感じています。だから本から学んで始めようとするのでしょう。世の中には、たくさんの〝お片づけ本〟が出版されていますし、受講生の中には150冊も持っている女性がいました。

でも、何冊読んでも片づかない人がいます。なぜでしょう？

片づけのノウハウや収納用品の活用方法を知っても、片づいた家は持続しません。そこに「なぜ、私は片づけたいのか？」が欠けているかぎり、何冊読んでも表面的な片づけになってしまい、リバウンドが繰り返されます。

私が〝家族が安心して帰りたくなる家であれ〟と思いを込めて設立した会社「Ｈｏｍｅｐｏｒｔ」で、お片づけ習慣化講座「家庭力アッププロジェクト®」を始めてから5年が経ちました。長年片づかない悩みを抱えてきた受講生は、自分で答えを出していくことで、片づけのスキルだけでなく、自信を身につけ、生きがいを見つけて、自分の人生を歩み始めていきます。

かくいう私自身、片づけのエキスパートではなく、この仕事を始めるまでは自信も自主性も薄い専業主婦でした。

12年ほど前のこと、夫がリストラされたのを機に夫婦関係が日々険悪になっていきました。私が生活費のために仕事を始めると、時間に追われ、一気に家事をする余裕がなくなり、家の中は散らかり放題に。夫の顔を見たくないので、時間がないにもかかわらず、残業や寄り道をするようになって余計に疲れてしまい、帰って片づける気も起きませんでした。夫だけでなく子どもとの関係も、家の中もぐちゃぐちゃになりました。

結局、離婚しましたが、家の中は荒れたまま。ふたりの子どもと相談しながら、自分たちの生活を取り戻そうと、元夫が残していったモノをはじめ、今までため込んだモノに向き合いながら、「もういらないね」を積み上げてみると、2トントラック2台分になりました。

合計4トン分の不要なモノを出してみると、大切なモノ、必要なモノだけが家に残り、子どもの養育や生活費など心配なことはたくさんありましたが、「これからは不安があっても不満のない人生のほうがいい」と思い切ることができました。

「私らしい人生を自分でリスタートさせる」と心に決め、責任と同時に喜びを感じた瞬間でした。

片づけるということは、過去の完了=過去を終わらせることです。過去を終わらせるとは、以前感じていた気持ちや執着心を手放すことです。部屋に物理的なスペースができることで、ごちゃごちゃしていた頭の中にもスペースができ、スッキリ考えられるようになります。片づけはだれでも自分でできる「過去の完了」作業なのです。

頭の中がクリアになるにつれ、自分は何をしたいのかが見えてきます。私の場合は、自分で仕事をしたいと思い、「Ｈｏｍｅｐｏｒｔ」を立ち上げ、「家庭力アッププロジェクト®」を始めました。

床の表面が見えないくらい散らかっていたモノを片づけることで、床が見えるだけでなく、これは自分の人生にいるのか、いらないのか？　いるなら、なぜいるのか？　どんな人生のために？　何をするために？　そう常に自問自答するお片づけは、自分を見つめる最高のセルフコーチングでもあります。

片づけられない悩みを持つ人には、自分が好きになれない、自信がない、など自己肯定感の低さが共通しています。そして、家が散らかっていることで、自己評価がさらに下がるという負のループに陥っている人が多いのです。

この本を読むことで、あなたも「片づけられないループ」から「片づけられるループ」に変える方法を知ることができます。

あなたはなぜ片づけたいのか。どんな人になりたいのか。どんな家庭にしたいのか？　答えを探すことから始まります。

自分でその答えを見つけることで、あなたは自分を好きになり、自信を取り戻すことでしょう。そして自分を取り戻すことができるでしょう。

片づけを習慣化することをきっかけに、あなたの人生を、あなたの家庭をより幸せにしてください。

まずは、キッチン「から」片づけていきましょう！　キッチンが片づけば、おのずと次のステップへ踏み出せます。そして将来のことを考え、人生を豊かにする時間が生まれます。

さあ、はじめの一歩をキッチンから踏み出しましょう。

目次

第3章

キッチンさえ片づければすべてがうまくいく！ キッチンを〝コックピット化〟しましょう………75

第4章

第1章

あなたはなぜ片づけをしたいのでしょうか？

何のために片づける？　それはだれのために？

●片づかない部屋は時間、お金、健康まで奪う

何のために片づけるって、お部屋をキレイにしたいからに決まっているでしょう？　と思われるかもしれません。でも、せっかく片づけを決心されたのですから、はじめに気持ちの整理をし、片づけの意味を考えてみましょう。

片づけは、ただ部屋の中をキレイにする作業ではありません。そのことをまず知っていただきたいのです。

片づけた部屋であなたは何をしたいのでしょうか？　だれのために片づけたいのでしょうか？　片づいた家で、あなたはだれと、あるいはひとりで、どんな時間を過ごしたいのでしょうか？

部屋を片づけることで、空間が広くなるのはもちろんのこと、自分が自由に使える時間やお金が増えていきます。生活が健康的になり、さらには人生でやりたいことが見えてきます。生きがいと呼べる、とてつもない副産物が生まれる可能性があるのです。

部屋を片づけると、まず床が見えてくると思います。テーブルや棚の天板も見えてくると思います。

部屋が片づいていないと、そこに置いたはずのアレがない、買ったはずのアレがないと、しょっちゅう探しものをするハメになり、時間がムダに失われていきます。しかも結局見つからなくて、「また買ってくる」というムダなお金も発生します。

ムダな時間のチリツモで、だんだん時間に余裕がなくなり、時間管理ができなくなります。何かと予定通りにできない、約束の時間に遅れる、ということが続くようになると、人からの信用も失っていきます。また、お金に余裕がないと、自分の好きなことにお金が使えなくなるので、非常にストレスを抱えてしまうわけです。

また、散らかったキッチンで料理するのは気が進みません。つい外食にしたり、デリバリーを取ったり。これもまたムダなお金です。それでも栄養バランスが取れていればいいのですが、つい食べたいものばかり注文してしまい、カロリーオーバーだったり、栄養が偏っていたりして健康面にもマイナスです。気がつくと、モノだけでなく体重までため込んでしまうことになります。このように、キッチンが片づいていないだけで、お金も健康も損なってしまうリスクが高まるのです。

●片づかないのは家が狭いから？

部屋が片づかないのは、子どもが散らかすから、夫が何でも置きっぱなしにするから、家族が協力してくれないからと、家族への不満がたまり、家の中がギスギスした雰囲気になっていませんか？　自分も片づけていないのに、子どもには「早く片づけなさい！」と叱っていませんか？

また、片づかないのは家が狭いからと思っていませんか？　こんな狭い家でガマンしている私は不幸だと思っていたりしませんか？

こんなふうに、部屋が片づかない理由を他の人や家の構造など、とにかく〝自分以外〟のせいにしているうちは、片づけるのはむずかしいと思います。なぜなら、「私はなぜ片づけたいのか？」の答えがないからです。答えがない、つまり片づける理由がわからない……ということになります。人は理由のわからないことはやりたくないものです。

「片づけられない」理由はあなたの中にある

おそらく、これまで何度も片づけにトライしてこられたと思います。努力されてきたと思います。でも片づかなかったのは、そのやり方以前に、「なぜ？」の答えが足りなかったからかもしれません。

「なぜ片づかないのか？」の答えは、あなた自身の中に必ずあると思います。まず、それを見つけませんか。

忙しいから。子どもや夫が散らかすから。家が狭いから。お金がないから……。片づけられないことで自信喪失気味の人は、私はどうせダメ人間と自己評価を下げまくっている可能性もあります。
さて、そうした「思い込み」を一度、全部取っ払いましょう。女性はこうあるべき、40代になったらこうあるべき。主婦はこうで、母親はこう、などの「べき論」は、片づけには役立ちません。社会的な枠も全部取っ払って、心静かに、あなた自身と向き合ってみましょう。

あなたは実は、うすうす気づいているのではないでしょうか？　片づかない理由は自分自身にあることを。あなたが本当に変えたいのは、部屋の中ではなく、あなたの今の現実、あなた自身ではないですか？

これからあなたはどんな生活をしたいと思っているのでしょう？　家族とどんな暮らしをしたいのでしょう？　将来、やりたいことは何ですか？　やりたかったことは何ですか？　5年後、3年後でもかまいません、どんな人になっていたいですか？
部屋を片づけるということは、自分の人生を振り返ったり、将来を考えたりすることにつながっていくのです。

私が主催するお片づけ習慣化講座「家庭力アッププロジェクト®」の受講生たちは、講座修了後に家族との関係を修復したり、自分のやりたいことを見つけて仕事に結びつけたり、ライフワークにつなげたりしています。**片づけは人生を変える第一歩になるのです。**

片づけの先にあるものとは？
片づけた先に広がる大きな夢

「ありがとう」の飛び交う家庭にしよう

なぜ片づけたいのか？　いろいろな答えがあると思います。

私がお片づけ習慣化講座を始めた時、はじめに目標にしたのは「ありがとうが飛び交う家庭」でした。

先に、片づけることは空間的にキレイになるだけではないと言いました。床面積が物理的に広くなるだけではないのです。

探しモノに取られていた時間が自分に返ってきて、時間に余裕が生まれます。ムダ遣いが減って、お金に余裕が生まれます。片づいたキッチンは自然と料理しやすく、おいしくなります（少なくとも片づいていないよりは）。おいしい食事に不機嫌になる人はいませんから、笑顔になるし、健康にもいいし、家族も「おいしい」と言ってくれるでしょう。おいしいと言われれば、うれしいし、「ありがとう」と返したくなりますよね。

料理だけでなく、余裕がある母親／妻がいる家の中は雰囲気がやわらかくなり、やさしくなります。自然と笑顔が増え、コミュニケーションが増え、「ありがとう」が増えていきます。

しょっちゅう探しモノをして、約束の時間に遅れていた「ダメな私」は消えて、きちんと時間管理のできる大人になり、仕事も家事もサクサクこなせるようになり、自信を持てるようになります。

一般的な片づけメソッドならここで「めでたしめでたし」で終わりです。でも、私はこの先が重要だと思っています。

自分のｉｋｉｇａｉ（生きがい）が見つかる

時間的な余裕が生まれ、使えるお金が増えて、健康的な生活になって、自信や周りの人からの信頼などを取り戻した、その次です。気がつくと、心に余裕が生まれているはずです。自分自身を振り返り、これからどう生きていきたいか、考える時間があるはずです。

仕事を持っている人は、これからどんな仕事をしていきたいか考えるでしょう。自分の本当に好きなことや、本当は得意だったことを再発見して、それを起業に結びつけることもできます。

私は「家庭力アッププロジェクト®」の卒業生のみなさんに別の機会でお会いすることがあります。会うとみなさん、受講前とは別人のように自信にあふれた表情をしていらっしゃいます。

受講する前まで、散らかった部屋を片づけるのに忙しすぎて、「とりあえず」「今日を乗り切る」ことに必死だった人たちです。毎日を短期決戦のごとく過ごしていた人たちが、片づけができるようになると、長期的な視点でものごとを考えられるようになります。3年後にはこんなふうになっていたいとか、5年後にはこんな自分になっていたいとか、こんな家庭でありたいとか。

それは**自分に「軸」ができたから**だと思います。自分で考えて、やりがいを見つけて、自主的に行動できるようになったからです。

私はこれを、**ｉｋｉｇａｉ（生きがい）**と呼んでいます。自分の人生を自主的に生きる。当たり前のようで、けっこうむずかしいことなのかなと思います。

なぜローマ字でｉｋｉｇａｉと書くかというと、英語に「生きがい」にあたるピッタリの言葉がないらしく、最近、英語圏でもｉｋｉｇａｉとして使われているからです。

ｉｋｉｇａｉを見つけると、さらに自信がついてきます。心に余裕が生まれ、時間的余裕も生まれ、片づけもできて、さらに自信がつくという好循環です。家族との関係もギスギスからニコニコへ。今までの「早く片づけなさい！」「ごめんなさい」のやりとりが、「片づけてくれてありがとう」に変わっていきます。

家族との関係が良くなると、それはさらにあなたに自信をつけてくれることでしょう。会社や学校、親戚や近所づきあいなど、他者とのコミュニケーションもグッとスムーズになり、また信頼を高めることでしょう。

「子どもの自立」が最終ゴール

そしていちばん大事なこと、それは子どもの成長です。子どもは親の背を見て育つものです。想像してみてください。もし親がｉｋｉｇａｉを持ち、楽しそうに生きていたら。両親が仲良くお互いを尊重し合って暮らしていたら。普段から「ありがとう」が自然と出る家庭だったら……。その子どもは、いつか自分もこんな大人になるのかなと、イメージできるのではないでしょうか。いつか自分もこんな大人になりたいと、こんな家庭を持ちたいと、思えるのではないでしょうか。

大人になりたくない子ども、結婚したくない大人が増えています。理由はいろいろかと思いますが、そのひとつは子どもが憧れるロールモデルを親が見せられなかったことだと思います。子どもが自然と「いいなあ」と思える家庭を作ってこなかったからだと思うのです。

さて、私の「何のため片づけるのか？」の答えを言いましょう。私が片づけたいと思う最終的なゴールは「子どもの自立」です。

部屋を片づけることはこんなふうに次の世代へつながっていくのです。

家庭力アッププロジェクト™

子どもの自立
イキイキしている大人を見て「早く大人になりたい」「ママたちみたいな家庭を築きたい」と成長欲求が高まった子どもたちが増えていく

自立した女性
自分軸を持ち、自分の ikigai を見つけ、主体的に「株式会社じぶん」を経営できている。信頼性も築くことにつながるので、影響の範囲も広い

STEP 3　パートナーシップ
- 信頼
- 安心感
- 他者との円滑な関係

STEP 2　ikigai
- 仕事
- お金
- 自信
- ikigai
- 家族との程よい関係

STEP 1　片づけ
- 時間
- お金
- 空間
- 信頼
- 健康
- 自信

あなたはどんな現実を作りたい？その第一歩は主体的であること

●不幸の原因をすべて人のせいにしていた40代前半

あなたはどんな「現実」を作りたいのでしょうか？
あらためて考えてみてください。
そして、今のあなたの作っている現実を見てください。

私自身の話をしますと、元夫との関係がギクシャクしていた40代前半の私は、周囲の人をゲンナリさせるような顔をして過ごしていました。どんよりした顔、イライラした言葉づかい、態度。我ながら〝お近づきになりたくない〟人の姿をしていたと思います。

その頃の私は、自分の状況をすべて人のせいにして生きていました。夫がリストラされたから。子どもが言うことを聞かないから。だから私は不幸なのだ、と。その考え自体が私を苦しめていたことに気づいたのは、ずっと後のことです。

私は、夫婦仲の良い友だちを見たり、話したりするたびに、その人たちと自分を比べて、うらやましく思ったり、惨めな気持ちになったりすることがありました。そういう人たちと一緒にいると自己肯定感がどんどん下がってしまうのです。ですので、あえて「夫の悪口」「職場の悪口」「姑の悪口」など、尽きることのない「だから私はこんなに不幸」合戦ができる場を求めていたのかもしれません。

こんなことを続けていてはいけないと気づいたのは、いつものグチ会合で、ある人の壮絶な夫婦げんかの話を聞いた後でした。あ、このままだと自分も本気でヤバイ人になってしまいそうと思い、同時に、この人たちが集まる現実を作っているのは私自身だと気づいたのです。

この現実を変えたい。切実にそう思いました。私がゲンナリした顔をしているからグチグチ人間が集まってくるのです。では、どんな現実に変えたい？

私は「お花」になりたいと思いました。素朴なイメージですが、花のまわりに集まってくるのはチョウチョウやミツバチです。子どもも寄ってきます。花はやがて実を結びます。グチではなく、新しい生命や活力を生み出します。笑顔を広げる存在でもあります。私は、そういうお花になりたいと思ったのです。

●片づけの第一歩は「主体的であること」

人のせいにして生きることはシンドイことです。

片づけられない理由を「子どもが散らかすから」「夫が協力してくれないから」「家が狭いから」「義父母が同居しているから」などと、他人のせいにしているうちは主体的には動けません。

今こそ、片づかない理由は自分自身にあるという認識をもたなくてはなりません。はじめはキツイかもしれませんが、本当にここが大事なのです。

自分が変わることで部屋の中は変わります。そもそも自分が変わらないのに、子どもや夫に「片づけられるように変わって」と要求するのはムリというものでしょう。

ゴールであなたはどんなお花に？

「家庭力アッププロジェクト®」では受講生のみなさんに、「あなたは45日後にどうなっていたいですか？」とたずねます。「どういう人に」「どういう家庭に」「どういう生活に」なっていたいのかたずねます。そして答えをしっかり書いてもらいます。

本書では読者のみなさんがそれぞれに日程とゴールと設定していただくことになりますが、「どんな現実を作りたい？」のイメージだけでなく、次のページのチェックシートのように、言葉にして、書いて記録することがとても重要です。

片づけが終わった時に、このチェックシートを見直してください。

片づけは一度やったらおしまいではありません。リバウンドしてしまった場合はもちろんですが、「お片づけ習慣化6メソッド」を身につけて、何度でも見直しながらバージョンアップしていきます。「あなたの現在地を知るチェックシート」はその都度使えますので、コピーしてお使いください。

あなたの現在地を知るチェックシート

【Q１】あなたの「現在地」を知るための自己評価シートです。
正直にチェックしてください。

1 □ 自分は本当に恵まれていると思う
2 □ 今の状況は、自分が好きで選択していると自覚している
3 □ 両親や他人など環境のせいにすることはない
4 □ 自分のことを心から信じることができる
5 □ 素直である
6 □ 自分のすべてが大好きだと思える
7 □ 他人を心から信じることができる
8 □ 他人の正しさを受け入れることができる
9 □ 他人を依存させない
10 □ 人の話を聞く時は、相手の立場や背景を酌み取っている
11 □ 相手に合わせて自分のコミュニケーションスタイルを意識的に変化させている
12 □ 正直なコミュニケーションができる

あなたの点数は　　点／12 点中　チェック１つにつき１点でカウント

▶チェックが付かなかった項目は、今後あなたが解決しなければならない課題のひとつです。

【Q２】チェックが付かなかった項目の中で、
あなたにとって重要だと感じる項目の BEST 3 を挙げてください。

	番号を書きましょう。	
BEST 1		１位に挙げた理由を書いてみましょう。
BEST 2		２位に挙げた理由を書いてみましょう。
BEST 3		３位に挙げた理由を書いてみましょう。

「私は片づけられる」は潜在意識を変える魔法の言葉

「私は片づけられない」は思い込み

片づけられる人と片づけられない人の違いは、当たり前ですが、片づける「行動」がとれる人です。その行動は何に支えられているのかというと、私は「信念」だと思います。第3章以降で詳しく解説しますが、片づけには「やり方」があります。スキルも技も必要です。けれども、どんなにスキルを持っていても、信念がないと続かないのです。それは**「私は片づけられる」という信念**です。

そんな信念あるわけないでしょー！　という悲鳴が聞こえてきます。当然ですね、そんな信念があれば本書を手にしていないでしょうから。

でも、それは思い込みなのです。「私にはできない」という思い込み。無意識に思い込んでいるだけのもの。潜在意識とも言います。

たとえ話をひとつ。同い年のA子さんとB子さんがいます。見た目も同じくらいとしましょう。A子さんは子どもの時から母親に「男性はあなたをだます生き物よ」と言われて育ちました。B子さんは母親から「男性はあなたを幸せにしてくれる生き物よ」と言われて育ちました。大人になったふたりの前にある日、とってもイケメンの、スーツをびしっと着こなした男性が現れ、声をかけてきました。この時、A子さんは「こんなイケメンが声をかけてくるなんてうさんくさい」と、相手にしませんでした。一方、B子さんは「あらステキ。話をしてみようかな」と会話を交わしました……。みなさんは、どちらが将来の可能性を広げる選択だと思いますか？

A子さんとB子さんに生じた違いは、何を信じて生きてきたかの違いです。それによって感情が変わり、性格が変わり、行動が変わります。ということは、信念を変えれば行動が変わるということです。

「私には片づけられない」と思っている以上は片づけが進みません。だからこそ信念を変えることが必要なのです。

あなたの信念を変える「魔法の言葉」

そんな信念の材料になるのは感情です。詰まるところ、人間は感情で動き、動かされる生き物です。

その特性をうまく使いましょう。片づける時はいつも「私は片づけられる♪」と口に出しながら片づけるのです。家族からは「お母さんがついに壊れた」と不審の目を向けられるかもしれませんが、気にすることはありません。それくらいでちょうどいいのです。

なぜこの方法が優れているかというと、「私は片づけられる!」と声に出すと、その音声があなたの潜在意識に働きかけ、脳みそが勘違いして「私は片づけられる」と思い込んでくれるからです。そんなテキトーな、と思われるかもしれません。

ひとつためしに上を向いて「私は元気です」と言ってみてください。次に下を向いて「私は元気です」と言ってみましょう。どちらが元気になれましたか? 上を向いて言ったほうだと思います。胸を張って「私は元気です!」と言うことで潜在意識に変化が生まれているのです。

新しいことを始めようとする時、しかも、それがこれまで何度か挫折した片づけであるという時、今までと同じマインドで取りかかってもうまくいかない可能性が高いです。基本的に、潜在意識のレベルから変えない限りむずかしいと思います。

「私は片づけられる！」

この声が耳からあなたの潜在意識を変える助けになるのです。事実、ここまで読んで、片づけに取りかかろうとしているあなたは、もう昨日までのあなたではないはずです。次のステップに進みましょう。

COLUMN 片づけられない人の状態

経済状態、特に収入は「見える床面積に比例する」

収入と見える床面積は密接に関係しています。実際、高収入の方の家にうかがうと、床の上に置かれているのは家具の脚だけだったりします。部屋の面積が大きくても小さくてもです。

床が見えているということはモノが管理できている証拠。モノの管理ができるということは自己管理もでき、時間やお金のムダも少ないのでしょう。反対は、もうおわかりですね。

乱雑な部屋がさらに乱雑になることは、物理学的にも証明されています。「エントロピーの増大法則」をご存知でしょうか。エントロピーは"乱雑さ"の概念ですが、いったん乱れると、その後は乱れる方向にしか進まない、決して元の整然とした状態には戻らないという物理の法則です。

片づけが苦手な人は肥満になりやすい

イギリス人の生活評論家カレン・キングストンの考察です。ため込みやすい人の、モノにあふれた部屋を毎日見ていると、脳にも影響が出てきます。「自分の体にもため込んでいいのだ！」と思い込んでしまうのです。そして欲望に任せてため込み始めます。つまり、食べるばかりで消費しない。

散らかった部屋はそれだけでストレスになりますから、その解消のためにも、食べる量が増えます。甘いものをチョコチョコ食べたり、暴飲暴食に走ったり。

私の経験上、この考察は的を射ています。肥満気味の人の家は、モノにあふれていることが多いです。

第2章

知れば納得！片づけられない原因を徹底的に解明しましょう

1万件の個別相談から分析した片づけられない人の特徴

「なぜ片づけられないのか」の原因を知ることには大きな意味があります。

私たちの会社「Ｈｏｍｅｐｏｒｔ」は「片づけられない人たち」からの切実な個別相談に応じてきました。その数は1万件に上ります。

それらを分析し「片づけられない」人の特徴を整理してみました。

以下の特徴に当てはまるものがないか、心をオニにしてチェックしてみてください。

チェックシート

- □ **1**. 安い・無料・限定が好き
- □ **2**. まず収納用品を揃える
- □ **3**. 「幸せになれるかもしれない」グッズが好き
- □ **4**. 片づけられないのを環境のせいにする
- □ **5**. 自己流でやろうとする
- □ **6**. 思いつきで行動する
- □ **7**. モノを大切にする＝取っておくと思っている
- □ **8**. 「忙しい」が口ぐせ
- □ **9**. 隙間を埋めるのが好き
- □ **10**. モノの処分のタイミングがわからない
- □ **11**. 言い訳をすることが多い
- □ **12**. 決めるのが苦手

1. 安い・無料・限定が好き

「セール」「おすすめ」「100個限定」「季節限定」「地域限定」など、お得感をアピールする言葉に惑わされ、「コレを逃すと損する」という感情が湧いてきて、結果、ムダ遣いをしています。不必要なモノまで買ってしまう傾向があり、家にモノがたまる直接原因にもなります。

2. まず収納用品を揃える

片づけよう！　と思い立った人にありがちな行為がこれ。先に収納用品を買いに行ってしまう。まず、いるモノ、いらないモノを分けて、どこにしまうか決めてから収納用品を選ぶ、という片づけの基本ステップから逸脱しています。片づけを始めたらいらない収納用品がいくつも出てきたという話はたくさん聞きます。収納用品を買っただけでは、収納はできません。

3.「幸せになれるかもしれない」グッズが好き

たとえばパワーストーン。ヒマラヤの岩石。幸運を呼ぶアロマ。片づかない方の家にお邪魔すると、そうしたモノをよく見かけます。完全にパワーをなくしてほこりをかぶっているのですが。そういう見るからに他力本願的なグッズは、片づけをする前に、いったん手放しましょう。モノに頼る、すがるというモノ依存そのものを問い直す時です。

4.片づけられないのを環境のせいにする

片づかない理由は家が狭いから。収納スペースが小さいから。自分以外のせいにする典型的な「他責の思考」です。環境のせいにしていると、今の家に住んでいるかぎり片づかないことになります。厳しいようですが、今の環境を作っているのはすべて「自分のせい」と考えないと片づきません。

5.自己流でやろうとする

これまで片づけを頑張ってやってきたという人が多いと思います。それでも片づかない。

他の片づけ本を読んだり、ネットで調べたり、インスタを見たりと、いろいろ努力されたと思います。

でも、そもそも本やインスタに出ている家は、間取りも広さも違うでしょうし、持ちモノの量も家族構成も価値観も趣味も違うわけです。それらを自己流にアレンジして片づけられるなら苦労しません。

なので、一度、自己流をきっぱり捨ててください。本書の「お片づけ習慣化6メソッド」に、愚直に無心についてきてください。

6. 思いつきで行動する

片づけには段取りが必要です。まずイメージを作って、いるモノといらないモノを分けて、どこに何を入れるか考え、どう取り出すかを考えて……と、計画的に進めていきます。思いつきで行動しやすい人は、よし、今日片づけよう！　と思いついて、100均で収納グッズをまとめ買いして、結果、1000円も2000円もムダにする……。

計画を立てて行動するのが苦手な人もいると思います。そういう人こそ、「この日はこれをやる」と決めてしまいましょう。あまり無理な計画にしないで、自分ができそうな計画を立ててください。やり切ることが必要です。思いつきは厳禁です。

7. モノを大切にする＝取っておくと思っている

まだ使えるモノを捨ててはいけない、と考えている人も少なくありません。でも、大切なモノを押し入れの奥にしまい込んで、久しぶりに開けてみたらカビが生えていた……としたら、それは大切にしているといえるのでしょうか。

取っておくだけでなく、「使っているか／使っていないか」の観点で見ると、いるモノといらないモノを選別しやすくなります。

モノを大切にする＝使い切るという考え方にシフトしましょう。

8. 「忙しい」が口ぐせ

「忙しい」を連発する。どんな場面にも通用する便利な言い訳として。日本人には多い気がします。忙しくしていることが美徳のように思われる風土があるのでしょう。でも忙しいことは美徳でもなければ、仕事ができる人の証しでもありません。

私はオーストラリアに留学していた娘から、「忙しい」を言い訳に使う人は「私は時間管理ができない無能な人です」と公言しているようなものだ、と教えられたことがあります。つい口に出る「忙しい」の回数を意識して、減らしましょう。

9．隙間を埋めるのが好き

8の「忙しい」が口ぐせの人と同じ系統で、ちょっと隙間時間ができると予定を入れたがる。スケジュール帳に空欄があると予定を入れたくなる。スケジュールの隙間が心の隙間に直結するのでしょう。この特性は空間的にも発揮され、棚やクローゼットに隙間が見つかるとモノで埋めてしまいます。隙間恐怖症なのかもしれませんが、いったん冷静になりましょう。隙間はあってもいいのです。

10．モノの処分のタイミングがわからない

いつ捨てればいいのかわからない。モノの入り口と出口のバランスが取れていないので、ギリギリまでモノをためて、もうどこにも置く場所がないとなって初めて捨てるタイプです。家の中の床が見えない、モノがあふれ返っている状態になるのはこのタイプが多いようです。

11. 言い訳をすることが多い

何ごとにも言い訳をしがち。4の「片づけられないのを環境のせいにする」や、8の『忙しい』が口ぐせ」に通底するものがあります。仕事の締め切りが過ぎてしまっても、それは普通NGなのに「忙しかったから」で1日延ばしてしまう。毎日、送られてくるダイレクトメールは、毎日処分しないとたまってしまうのに、「忙しいから今日はいいか」と積み上げて、処分するのを後回しにしてしまう、というタイプです。

12. 決めるのが苦手

自分で決めるのが苦手な人です。10の「モノの処分のタイミングがわからない」、11「言い訳をすることが多い」に当てはまる人は、決めるのも苦手な人が多いでしょう。片づけは決断の連続です。いる、いらない。手放す、取っておく。いつ捨てるか、どこに取っておくか。片づけを毎日続けることで決断力もついてきます。

片づけとは、自分と向き合うことでもあります。ご自身の片づけられない理由をしっかり理解し、受け止め、前を向いていきましょう。

片づけられない人の心理

片づけられない人には大きく分けて3つの心理が働いています。「ため込もうとする心理」「取捨選択できない心理」「モノを捨てられない心理」です。ひとつずつ解説します。

1. ため込もうとする心理

モノをため込んでしまう人に共通しているのは、「心に不安がある」ことです。不安やさびしさをまぎらわすためにモノに頼ってしまう。身の回りにあるモノに愛情を抱いたり、異常に執着したりするのです。

わかりやすい例が、買い物依存です。「家庭力アッププロジェクト®」の受講生の中に、同じブランドバッグを、使いもしないのに10個以上買っていた女性がいました。買っても使わずに押し入れにしまっていたので、片づけを始めたら10個以上も出てきて驚いたということです。

なぜこんな行動をしてしまうのか。心理学的に見るとわかります。この女性にはまだ言葉のしゃべれない幼児がいて、日中はずっと家の中でその子とふたり。育児と家事のいわゆるワンオペ状態でした。幼児と会話はできません。夫は忙しくて話を聞いてくれません。そんなストレスフルな状態で、ときどき母親に子どもを預けられる日があり、その日は大好きなブティックに飛んで行きます。その店のスタッフと話をする時だけが、彼女にとって普通の大人として話せる唯一の時間だったといいます。その時間と引き換えに、彼女はバッグを買っていたのです。ため込んだ高級ブランドのバッグは、心にため込んだ不安そのものです。

このようにため込もうとする心理には、モノそれ自体を見えなくさせる作用もあります。

2. 取捨選択できない心理

捨てていいモノかどうか決められない人に共通しているのが、**「自分の判断に自信が持てない」**ことです。

これ、いるかな? どうかな? そう考えた時に、「捨ててしまったら後で悔やむんじゃないか」とか、「もしもの時にこれがなかったら困るんじゃないか」などと考えてしまい、「やっぱり取っておこう」で終わります。片づけは自問自答の繰り返しですが、自問自答しても自分の判断に自信がないので、後悔を怖れて決断できません。

さらに、捨てられない自分に嫌悪感を感じてしまい、ますます自信を失ってしまいます。取捨選択できない人の心理は、「自分の判断に自信が持てない」負のループにもはまりやすいのです。

3. モノを捨てられない心理

なぜ捨てられないのでしょう？　そこには４つの心理が働いています。

まず、**「もったいない」心理**。

実際に、家の中の70％以上が、ほぼ使用しないモノだといわれています。「これ使う？使わない？」と自問する時点で、今の生活には必要ないことが明らかなのですが、もったいないので捨てられないのです。

つづいて**「いつか使うかも」の心理**。

これも「いつか使うかも」と迷いが生じた時点で今の生活に不要であることを物語っています。

次に**「モノは大切にしなくてはいけない」**という罪悪感。

たとえば、いただいたプレゼント。自分の趣味とは合わないいんだけれど、捨てたら悪いと思って手放せない。でも、プレゼントは気持ちを受け取るものです。だから気持ちを受け取ったら、モノに執着する必要はないはずです。モノを大切にしないとバチが当たる的な考えは、本当にモノがなかった時代の価値観の名残です。もうそろそろ手放しましょう。

最後に**「見栄を張りたい」**心理。

モノを多く所有することで、本来の自分より良く見せたいと思っている。特にブランドものの洋服やアクセサリー、バッグなど人の目につきやすいモノを多く持ちたがります。でも、モノをたくさん持っていることが富の証しだった時代は遠く去りました。

社会的な地位も高く、ファッションも最先端、スマートに見える方の家が、モノであふれて足の踏み場もないなんてことも、まま、あります。

部屋は心の鏡です。

これは私が常に心に留めている言葉です。仕事が忙しくなったり、余力がなかったりすると、部屋が雑然としていきます。そういう時は、いったん手を止めて先に片づけをすると気持ちがスッキリし、仕事に集中できたり、余力が生まれたりします。

片づけられない人の行動と状態
負のスパイラルにはまるわけ

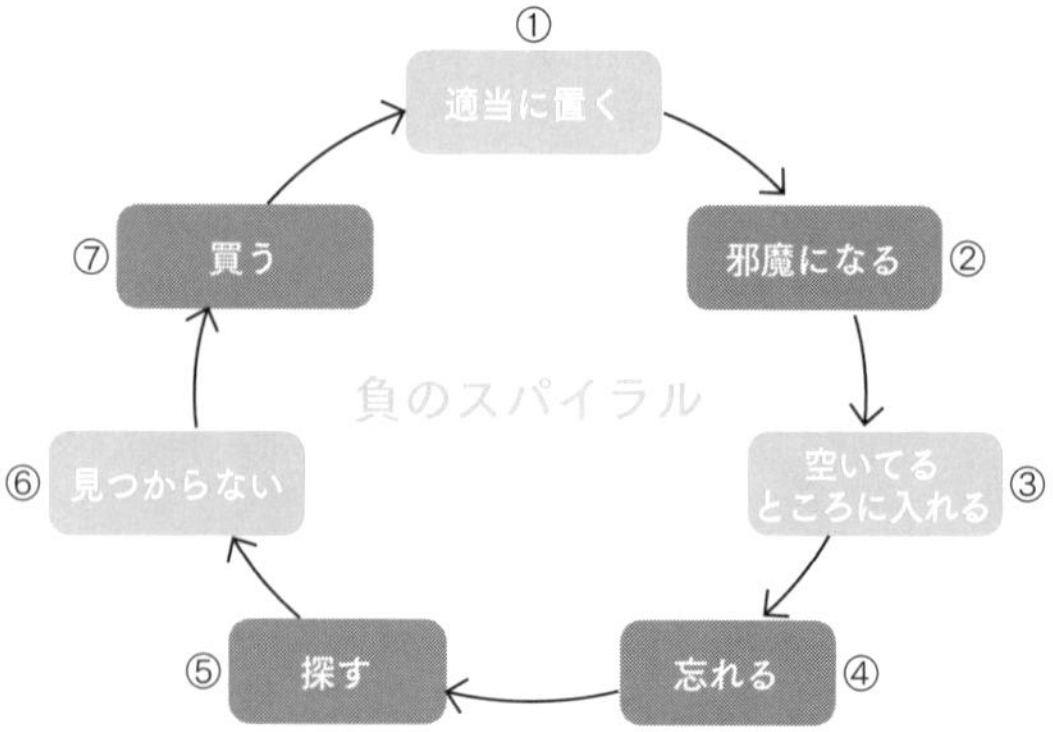

①買ってきたモノを適当に置いてしまうのは、もともと置く場所が決まっていないモノだったり、時間がなかったりするからです。「忙しい」が口ぐせの人にありがちです。
②本来あるべき場所に置かれていないので、すぐに邪魔になります。③そこで本来の場所にしまえばいいのですが、適当に空いているところに入れてしまいます。「隙間に入れたがる」人です。
④本来あるべき場所でないので、これもすぐ忘れてしまいます。⑤⑥使いたい時に見つからないので探します。時間のムダが生じます。⑦結局、見つからないことが多く、また買います。お金のムダが生じます。
　時間のムダ、お金のムダが積もって、時間にもお金にも余裕がなくなり、①に戻ります。

片づけられない人の心理は、この本を手に取っている方なら思い当たるところが少なからずおありかと思います。

本格的な片づけ作業に入る前に、ここで徹底的にあなた自身の心にある問題を直視し、洗い流しましょう。

片づけられない人は右のような負のスパイラルに陥りやすいのです。

自分自身のクセとパターンをつかもう

部屋の中を見渡してください。あなたの心を見つめてください。部屋が片づかない理由を、自分の中で見つけることができたでしょうか。片づけは自分自身との対話です。今、部屋が片づいていないのは、自分の特徴のせいなのか、心理状態のせいなのか。しっかり向き合ってください。

片づけられない人の特徴や心理にバッチリはまっていたとしても、絶望することはありません。むしろ、そこに気づけたことは朗報です。意識して直していけばいいのですから。

そして、部屋が散らかる時のクセにも注目してください。

私はストレスがたまると、机の上がグチャグチャとしてきます。キッチンやリビングはキレイに片づいているので、家族は気づかないけれど、自分は気づくことができます。自分自身と向き合うことで、散らかる時の「サイン」にも気づけるようになります。

お片づけ習慣化6メソッド

ここから具体的に片づけのステップを解説していきます。

片づかない人の特徴を踏まえて、心理学を活かした片づけ術です。私が主催するお片づけ習慣化講座「家庭力アッププロジェクト®」では、「お片づけ習慣化6メソッド」と呼んでいます。

お片づけ習慣化6メソッド

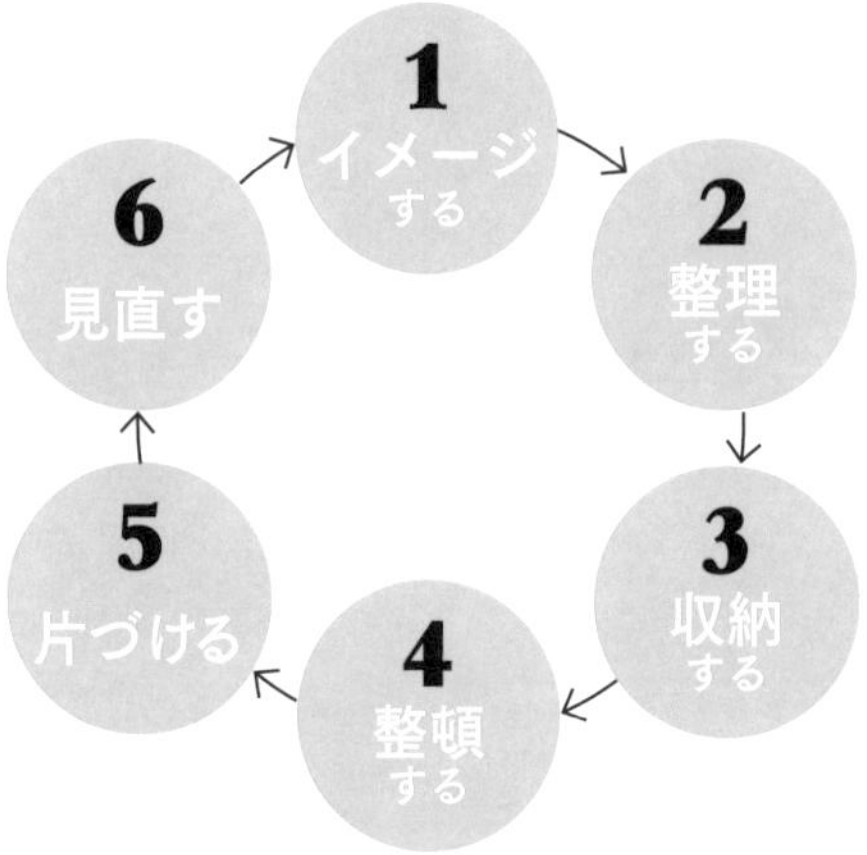

見える化	●イメージ ●整理
↓	
仕組み化	●収納 ●整頓
↓	
習慣化	●片づける ●見直す

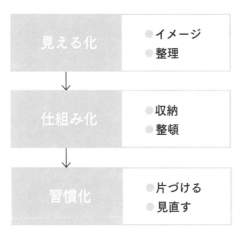

ステップ1・イメージする

はじめにあなたの家と暮らしをイメージすることが大切です。

どんな家にしたいのか。この家で、どんな生活をしたいのか。自分自身のことだけでなく、家族のこともイメージしてください。夫や子どもと、どんな生活をしたいのか。それはつまり、あなたがこの先、だれと何をして、どんなふうに生きていきたいのかをイメージすることに他なりません。

家と暮らしのイメージができると、キッチンをどう使いたいか、ダイニングでどんなふうに食事をしたいか、リビングではどんなふうに過ごしたいか、といった具体的なイメージが湧いてくると思います。それを実現するために、片づけが必要なのです。お片づけのモチベーションをしっかり高める上でも、イメージは大切です。

ステップ2・整理する

部屋にあるモノを、いったん、全部、出します。

クローゼット、棚、段ボール、引き出しの中のモノ、全部出します。そこからいるモノをピックアップします。いるモノ以外は外に出します。

この作業が「整理する」ということです。

ステップ3．収納する

ステップ2でピックアップした「いるモノ」の収納先、「定位置」を決める作業です。居場所=住所をつけてあげるのです。

ポイントは、家の中の「通り道」にあります。顔を洗う、トイレに行く、食事をとるなどは家族全員に共通した通り道があります。この他に、夫だけの通り道、子どもだけの通り道もあります。調理や掃除など家事をする時に使う通り道もあります（126ページで詳しく説明します）。

それぞれの家庭に、それぞれにとっていちばん動きやすい「通り道」があります。固定観念にとらわれず、もっとも効率のいい収納場所を考えてください。

ステップ4・整頓する

「収納すること」と「整えること」は別の作業です。整えるとは、ステップ3で決めた定位置にモノを取り出しやすく戻しやすく、そして、見た目も美しく配置することです。

ステップ5・片づける

ここまで何度も「片づける」という言葉を使ってきましたが、実は、**片づけとは「使ったモノを定位置に戻す」こと**です。元の位置に戻すだけですから、「片づける」は本来、とても簡単です。

逆にいえば、使ったモノを定位置に戻さないから片づかないのです。ステップ3の「収納する＝定位置を作る」をおろそかにすると、定位置が決まらず、いつまでも片づきません。散らかっていたモノをいったんキレイにしまっても、定位置が決まらない以上、元に戻すことができないから、すぐにリバウンドしてしまうのです。

ステップ6・見直す

ライフスタイルの変化、また月日が経てば、いるモノは変わります。家族の「通り道」も変わります。特に小さなお子さんは、3か月ごと、半年ごとに着るものが変わるし、必要なモノも変わります。洋服の引き出しの高さや、おもちゃ箱の位置、カバンの置き場所などなど、変わるものは少なくありません。小学校に入れば机や本棚が必要になって、部屋のレイアウトを変えることになります。小学生から中学生になれば、またガラッと変わります。

学期ごと、学年ごとなど、区切りのいいタイミングで少なくとも半年から一年ごとに、ステップ1から見直しましょう。

大人になっても見直しは必要です。就職、ひとり暮らし、結婚など、ライフイベントごとにステップ1から始めるのは当然として、勤務先が変わった、習い事を始めたなどライフスタイルの変化に伴い、ステップ1から見直しましょう。

家族との情報共有が重要

片づけは一度やったらおしまいではありません。生活とともに、ずーっと日常的にするものです。片づけが身についた人は、日々「見直し」作業を行っていることでしょう。それでも必ず、ステップ6「見直す」は意識して行ってください。ステップ1～6を繰り返しつづけることでお片づけが習慣化し、リバウンドしない家になるのです。

ステップ1から6の作業を、家族と情報共有することも重要です。

あなたがすべてを把握していても、家族が理解していなければ、「昨日までここにあったアレがない」と大騒ぎしたり、定位置とは別の場所にしまわれて行方不明になったりというやっかいなことが頻発します。これではリバウンドしないお片づけはできません。

片づけは、あなたひとりが、頑張ってできるものではないのです。ひとりで頑張ることで、かえって片づかない、すぐリバウンドする家になってしまうです。

片づけは女性の仕事。ママの仕事。そんな思い込みは、もう不要です。すっぱり捨てましょう。

モノのバランス「INTO&OUT」を保つことが、暮らしの質を引き上げる

家もメタボになる

モノの出入りについてイメージしてみてください。

今日、家の中に入ってきたモノは何ですか？　今日、家の外に出したモノ（捨てたモノ）は何ですか？　どれくらいありますか？

家の中に入ってくるモノより家から出ていくモノのほうが少なければ、結果、家の中のモノが増えます。毎日それが続けばモノが増え続け、やがて把握しきれないほどの量になります。床が見えない部屋などがそうです。私はこれを「管理不能な家」と呼んでいます。

逆に、出ていくモノのほうが多ければ、家の中のスペースはどんどん空いていきます。

入ってくるモノと出ていくモノが同じ量なら適正量の家です。私は「管理が行き届いている家」と呼んでいます。

モノが家に入ってくる、モノが家から出ていくことをあまり意識していない人が多いと思いますが、たとえば今日ダイレクトメールを何通受け取りましたか？　不要なチラシもそのへんに積み上げていませんか？　いらない郵便物は処分しましたか？

洋服や靴もそうです。新しいシャツを買いました。その時、手放したシャツはありますか？　靴を買って下駄箱に入れました。手放した靴はありますか？

家の中のモノのバランスを保つには、新しいモノをひとつ買ったら、古いモノをひとつ手放さなければなりません。「管理が行き届いている家」ではモノが循環しているのです。

入れるばかりで出さなければ、やがて容量オーバーになるのは目に見えています。「今日、

INTO ＝ OUT
＝
管理が行き届いている家

家の中に入ってくるモノの量と使用したり手放したりするモノの量のバランスが取れている状態。自分や家族が把握できる量を管理しているので、整理整頓といった片づけも行き届く状態になっている。

INTO ＞ OUT
＝
管理不能な家

家の中に入ってくるモノが、使用したり手放すモノよりも多い状態。モノを増やすだけ増やして、あるモノを使用せずにいたり、不必要なモノを手放すことをしないので、モノであふれた状態になっている。

何が家の中に入ってきたか」を意識してみてください。

いるモノだけ残していくと自分がわかる

モノが入ってくる、出ていく。このバランスが重要なのは、ただ、モノを増やさないためだけではありません。このバランス感覚を保てるようになると、「いるモノだけを選び取る」ことができるようになるからです。いらないモノを捨てれば捨てるほど、本当に必要なモノ、本当にいいモノだけが残ります。モノを手放せば手放すほど、自分に本当に必要なモノ、自分が本当に好きなモノを選別する力がつくのです。

それは自分を知ることにつながります。自分を大切にすることにもつながります。本当にいるモノだけをきちんと選び取っている人は、自分のことも大切にしています。逆に、モノを適当に選んでいる人、捨てもせず、使いもせず、ただ持っているだけの人は、自分のことをあまり大事にしていないようにみえるのです。

「家庭力アッププロジェクト®」の受講生に「寝る時に何を着ていますか」と聞いたことがあります。すると「高校時代に学校で買わされたTシャツ」と答えた人がいました。

それはすでに首元がダランと伸びているけれど、どうせ寝ているのだから何でもいいと言うわけです。

でも、寝ている時間は1日の約3分の1もあります。その時間をヨレヨレのTシャツで過ごしていいのでしょうか。朝起きた時、まず目に入る服がヨレヨレの古いTシャツでいいのでしょうか。

私は睡眠時間はとても大事だと思いますし、お気に入りのパジャマで寝たほうが気分良く寝られると思うのです。だから、いいパジャマを着て、質のいい睡眠を取りたい。それが自分を大切にすることだと思います。

モノのバランスを保つことは、暮らしの質を上げることにつながります。

片づけた後、あなたの生活の質は上がるはずです。あなた自身だけでなく、家族の生活の質も上がるはずです。

いるモノだけを選ぶことは、自分を大切にすることです。自分を大切にできる人は、家族も友人も、そしてモノも大切にできる人だと思います。

今までの〝当たり前〟をいったん捨てる 片づけ前の「思考のチェンジ」

これまでは、片づかない理由やその奥にある心理についてお話ししてきました。ご自身への理解がだいぶ深まってきたのではないでしょうか。ここでもう一歩進んで、これまでの自分の〝当たり前〟を疑い、勇気をもっていったん捨ててみましょう。

●片づかない人の〝当たり前〟↓↓↓片づけられる人の〝当たり前〟

1 買ったら捨てる→→→捨てたら買う

欲しいモノを見つけた時、「家に帰ったら古いのを捨てればいい」と言い訳しながら買っていませんか？　それで実際、古いほうを捨てたことがありますか？

買ったら捨てるのではなく、捨てたら買うに逆転してしまえばいいのです。手放してから買う。気持ち的にも大きなチェンジになると思います。

2 好きだから買う →→→ これからの私に必要だから買う

好きだから買ってしまう。一見もっともですが、それ、買わないと夜も眠れませんか？これからのあなたに必要ですか？

いったん立ち止まるクセをつけると、「好きだから」の衝動買いが減ります。片づけが終わった後のあなたの生活は今とは違うはずです。あなた自身が変わっているはず。片づけた後の「グレードアップした私」に必要なモノだけを買うことにしましょう！

3 大切に取っておく →→→ 使い切ってこそモノの役目と心得る

カワイイから、好きだから、思い出の品だから……大切に取っておいたはいいけれど、使わないので結局、押し入れの奥へ奥へと押しやられ、ある瞬間、見るとカビが生えていた……。悲しいですよね。取っておいた意味がありません。

大切なモノは大事に取っておくよりも、使い切ってその役目を全うさせてやることが、本当に大切にしたことになるのだと思います。

4 すべて揃える →→→ 代用できるモノで済ませる

5客のカップ&ソーサーのセット。和洋中なんでも料理できるスパイスセット……。片づけられない人には完璧主義の方が多く、セットものは全部揃えないと気が済まないという人も多いです。数十年前のバブル期ならともかく、食器セットなんて場所を取るだけ。家族の人数分、あればよし。

調味料だって中華料理は甜麵醤と豆板醤とコチュジャン、全部揃ってなくても作れます。豆板醤がなくても、味噌、しょうゆ、一味唐辛子があれば代用できます。子どもの使う色鉛筆は36色セットでなくても12色で十分です。いろいろ混ぜ合わせることで、他の色が作れます。ないものを買って揃える前に、いったん立ち止まり「何かで代用できないかな?」と考えてみましょう。

片づいた部屋をキープするには、「あるもので済ませる」思考にチェンジすることも必要です。

今まで当たり前だと思っていた自分の中の常識を変えるのは、言うは易《やす》く行うは難《かた》しかもしれません。でも、片づけとは部屋をキレイにするだけではありません。自分を変えること。これまでの当たり前を打ち破ってこそ新しい発見があります。

思考のチェンジ！

今までの自分の〝当たり前〟をいったん捨ててみよう

買ったら捨てる	→ 捨てたら買う
好きだから……	→ 今の、これからの私に必要？
大切に取っておく	→ 使い切ってこそがモノの役目
全て揃える	→ 代用できるものはないか？

片づけは最高のセルフコーチング 片づけて、本当の自分を取り戻す

●片づけとは過去を終わらせること

ここでもう一度、思い出してください。

あなたはなぜ、片づけをしたいのですか?

何度でも繰り返し、問い続けてください。そして答えをノートに書いておきましょう。問い直すたびに、それを見直してください。書くことで自分の考えが整理されます。

片づける作業は「これ、いる? いらない?」「この先使う? 使わない?」「この先っていつのこと?」など、自問自答の連続です。それを通して、ただ部屋を片づけたいだけ

でなく、自分がどういう生活を望んでいるのか、家族とどういう関係でありたいのか、この先どんな仕事をしたいと思っているのかなどが見えてくるのです。

片づけは、常に自分との対話です。対話はゴチャゴチャした頭の中を整理してくれます。そして片づけは「過去を終わらせる」こともできます。たとえば、バブル期に買った高価なコート。これを着て頑張っていた私……と、思い出しているあなたは今の自分を生きているでしょうか？　今の自分が好きですか？

先日、30年ぶりにゴルフをする機会がありました。
実は私はバブル期に、給料1か月分くらいはたいて買ったゴルフバックを持っていました。ほとんど使わなかったので、部屋の隅でホコリをかぶっていたのですが、なぜかずっと引っ越しのたびに持ち運んでいたのです。それが重たいこと。昔のゴルフクラブは今よりずっと重かったのです。
それを先日、ゴルフバックごと捨てました。高価なゴルフバックを買った自分は過去の人。今の自分に合わないクラブはいらないからです。すると、スッキリしました。そのゴルフバックにまとわりついていたさまざまな過去から解放された気がしました。持っているだけで過去が終わらない、モノにはそういう不思議な力があります。不要なモノを手放すことで過去への執着ともさよならできるのです。

●部屋が片づけば自己評価もアップ

片づけることは家がキレイになるだけでなく、多くの副産物をもたらします。

第1章で、片づけられないことで失われているものは空間だけでなく時間やお金、心の余裕。さらに人からの信頼や自己評価を下げてしまう負の連鎖があることをお話ししました。「お片づけ習慣化6メソッド」を実践することで、時間とお金に余裕が戻り、家族関係が修復され、さらに落ち込んでいた自己評価も復活させることができます。

私はお片づけ習慣化講座「家庭力アッププロジェクト®」を通して、片づけられない人が片づけられる人になるのを見てきました。

片づけたいけれど片づけられない人に共通するのが、自信のなさです。何をやってもうまくいかない私は人より劣っていると思う劣等感、どうせ私なんかというやる気の喪失を伴う「自己肯定感の低さ」です。自分に自信がもてないことが、負のループを生んでいるのです。

〈自己肯定感の低い人の負のループ〉

家の中が片づけられない↓探しモノが多く時間に追われる↓お金を使う（結局見つからないので、また買う／キッチンで料理するのが面倒になり外食など）↓お金の余裕がなくなる↓やりたいことをガマンしなくてはならなくなる↓不満や不安でイライラする↓ますます片づけられない

自己評価が下がると、仕事にも影響が出るでしょう。とても苦しい状態だと思います。では、片づけられるようになると、どう変わるのでしょうか。

〈片づけられる人のループ〉

片づけられる↓時間的にも経済的にも余裕ができる↓心の余裕ができる↓イライラしな

いので良好な家族関係が保てる→家族から信頼される→自分への信頼が高まる→自分のやりたいことにお金が使える→自信が高まる→片づけられる

●副産物は収入、自信、家族の絆

受講生のみなさんには、その後の様子も聞いています。片づけによって得られたことを生き生きと話してくれます。

片づけの副産物として、収入が増えたという人が多いです。

ある女性は、それまで毎日残業しないと仕事が終わらなかったのに、家を片づけられるようになったら仕事の効率が上がり、定時に帰れるようになりました。夕食後の時間に、以前からやりたかったセラピストの勉強をし、やがて自宅にセラピーサロンをオープン。帰宅後や休日を使った副業で収入を得られるまでに成長しました。

また、ある女性はムダ遣いがなくなったことで使えるお金が増え、時間にも余裕ができたのでファイナンシャルプランナーの資格を取得し、独立も果たしました。もうすぐ

1000万円プレーヤーになれそうです。

以上はほんの一例ですが、受講生のみなさんに会うと、表情はやわらかく、そしてキラキラと自信に満ちているのがわかります。片づけは人を変えられる最高のセルフコーチングだと実感しています。

「家庭力アッププロジェクト®」の受講生の中には、すでにいくつもの自己啓発講座を受け、それでも片づかず、この講座にたどり着いたという人もいました。片づけを実践していくことで、それまで顧みなかった家庭を振り返り、家族との絆を新たにできたと話す人も少なくありません。

かつてマザー・テレサは、「世界平和のために、私たちはどんなことをしたらいいですか？」とたずねられて、「家に帰って、家族を大切にしてあげてください」と答えました。世界平和につながるかどうかはわかりませんが、私たちの講座を受講後、家族を大切にする気持ちが増したという声が多く聞こえてきました。

モノに依存し、過去に執着していた私はもうおしまいにしましょう。

思えば、時間の使い方やお金の使い方が変わるというのは、人生が変わるのに等しいかもしれません。片づけは人生を変える力を持っています。**片づけを通して、本当の自分を取り戻しにいきましょう。**

【彩智語録❶】

「家庭力アッププロジェクト®」の中で投げかけた言葉のうち、
「印象に残った」として受講生のみなさんへのアンケートで
上位に挙がったものをご紹介します。

未来の自分に期待して、
日々自分を裏切るのはやめよう！
片づけの習慣を身につけるために今、
集中しよう！

後でやろう！はバカやろう！

他人と比べて落ち込んでいる暇はないよ、
比べるのは過去の自分だよ

モノはなくても困らないよ！

本当に困ったらまた買えるよね！
手放したモノって意外と覚えていないよね？

「やるか」「やらないか」じゃなくて、
「やるか」「もっとやるか」しかないんだよ！

やり始めたら「やる気」はついてくる！
動くから「やる気」がついてくるんだよ！

第3章

キッチンさえ片づければすべてがうまくいく！キッチンを〝コックピット化〟しましょう

キッチンから始めるとうまくいくわけ

毎日、あなたはキッチンに何分くらい立っていますか？　ある調査によると、主婦が料理にかける時間は1日に2時間12分。そして、75％の人が「料理時間をもっと短縮したい」と答えています。近年の「時短料理」人気も、料理時間を減らしたい人の多さを示していると言えるでしょう。

料理時間を短縮するためには、段取りを良くすること。これに尽きます。そのためにやらなくてはならないのがキッチンの片づけです。

実は、私はお片づけ習慣化コンサルタントになる前の一時期、簡単に作れる時短料理を教えていたことがあります。その時わかったのが、15分で作れる料理を15分で作れない人が案外多いということ。料理以外のことに時間がかかってしまう人が多いことでした。

たとえば、棚の上段にある鍋を取るために、踏み台を出して、それに乗って取る。シンク下の奥の方から、手前のものをかき分けて、重なっているボウルを取り出す。菜箸を使いたくて探したけれど1本しか出てこない……。

このような動作が重なっていくと、本来なら15分で作れるものが30分かかってしまうわけです。これを知って私は、せっかくの時短料理のレシピを生かすためにも、キッチンの片づけが必要だと気がついたのです。

キッチンから片づければすべてがうまくいく。これが、私のお片づけメソッドの最大の特長です。キッチンが片づくと料理の段取りが良くなり、短い時間で、しかもおいしい料理が食べられます。その後の余った時間はあなたのものになるのです。

また、キッチンが片づけられればリビングも子ども部屋も片づけられる人になっていきます。片づけ！　となるとクローゼットから始めてしまう方も多いのですが、絶対にキッチンから始めることをおすすめします。

そこには大きな理由が5つあります。

1. キッチンは片づけモチベーションがもっとも高まる場所

あなたは一日のうち、クローゼットの扉を何度開き、そこで何分過ごしていますか？おそらく多くの方は、朝着替える時と、夜洋服をハンガーにかける時の2回。

それに比べてキッチンでは、先の調査にあるように毎日2時間以上の料理時間に加え、洗い物、買ってきたモノを冷蔵庫や棚にしまう、その他こまごました作業を入れると、かなり長い時間を過ごします。キッチンが片づいて気持ちのよい空間になれば、家にいる時間の多くが気持ちよく過ごせます。必要性に加え、家の中でいちばんモチベーションが高まるのがキッチンなのです。

2. キッチンが片づくと、家族が変化に気づく

コロナ禍以降、家族も料理をするようになったという方が増えています。キッチンがキレイになれば、家族はその変化にすぐ気がつくでしょう。たとえ料理をしないにしても、キッチンが一緒に暮らす家族の視界に入らない家の間取りはあまりないでしょう。

残念ながら、あなたのクローゼットが片づいたところで、家族はなかなか気がつきませ

ん。つまりキッチンは、もっとも家族が変化に気づきやすい場所なのです。気づいた家族から、「なんか、キレイになったね」「頑張ったね」などと言ってもらえると、もっと片づけよう！と、モチベーションは高くなります。

3. キッチンには大きいモノから小さいモノまですべて揃っているので、その仕組みを他の部屋でも応用できる

クローゼットはある程度、形や長さが決まっているので、収納方法は簡単です。

これに対して、キッチンの中にあるモノは大きな鍋や平たいお皿、お箸やお玉など、こまごました調理道具に、さまざまな調味料と、大きさも形も幅広く揃っています。これらを機能的に片づけられる仕組み作りを身につければ、その仕組みを同じように細かいモノが多い洗面所やリビングはもちろん、寝室などの他の部屋に応用することができます。

4. キッチンのモノは数字で管理しやすい

片づけを洋服や本などから始めると、そのモノの処分について「どうしよう？」と迷う瞬間が多く、手が止まりがちになります。その点、キッチンにあるモノの多くは、賞味期

限や消費期限があり、目に見えて管理しやすい食材です。その日付を見るだけで残すべきか捨てるべきかがわかるので、モノを捨てるのが苦手な方でも判断しやすいです。また、毎日使っているモノが多いので、使っていないモノが明確にわかります。判別のハードルが下がりやすいです。

5．家族に影響が広がりやすい

以前、ある受講生から「キッチンより子ども部屋を片づけたい！」と希望され、子ども部屋から片づけたことがあります。片づきはしたのですが、すぐにまた散らかってしまいました。

その大きな理由は2つあります。ひとつは受講生自身に片づけの方法や習慣が身についていないので、子どものフォローができなかったこと。もうひとつはまだキッチンなど自分のエリアを片づけていない母親から「片づけなさい」と言われた子どもが、「ママだってやってないじゃん！」と反発したことです。お手本を示せない人からいろいろ言われても、人はやる気にならないものです。

その意味でも、キッチンという目につきやすい場所を片づける姿を見せると家族への波及効果も期待できます。

というわけで、まずはキッチンから片づけていきましょう！

準備体操としての「冷蔵庫のお片づけ」

準備体操として冷蔵庫を片づけることをおすすめします。

冷蔵庫はごく限られた空間なので、片づけの仕組み作りの基本を身につけるのに最適なのです。それに、冷蔵庫はキッチンの中で確実に、もっとも家族みんなが使うモノ。そこが片づけば家族にも「何か始まったみたい」と気づいてもらいやすいでしょう。

冷蔵庫に入れる量は総容量の7割に

冷蔵庫の「いるモノ」「いらないモノ」は賞味期限を見れば明確ですから、分けるのは簡単です。

総量は庫内の7割程度に減らしましょう。これくらいの物量なら冷蔵庫の奥にあるモノが見えます。また、冷気が十分に回ります。庫内がギュウギュウに詰まっていると、それだけ冷気が行き届きにくく、電気代もかさみます。

冷蔵庫の棚の使い方は、家族の身長に合わせて考えましょう。

私の例ですが、身長が低いので冷蔵庫の上の棚は手が届きにくい。そこで上の棚には、手前に引き出しやすいように大きめのタッパーやトレイをセット。そこに使いかけの食材（カレールーの余りとか）など、あまり使う頻度の高くない食材を入れています。

手が届きやすい下の段には、よく使う食材を入れます。常備菜など早く食べ切りたい食材も下の段です。

また、小さな子どもがいるなら下の段は子ども用、上の段は大人用と分けてもいいですね。ビールなどのアルコール類は当然、上の段です。

●冷凍庫は立てて入れるのが基本

奥底から何が出てくるかわからない恐怖の冷凍庫になっていませんか？

食材をヨコにして重ねていくと、どんどん下のモノが見えなくなりますね。冷凍庫は「立てて入れる」が基本です。100均で売っている金属製のブックエンドは仕切り板として優秀です。金属なのでキンキンに冷えても割れません。

メーカーや機種によりますが、冷凍庫は上下2段に分かれているものが多いと思います。私の家の冷凍庫は上の段が浅く、製氷器がついています。私は製氷器の隣のスペースを冷凍前の食材を「平らにするスペース」として使っています。トレイ入りの冷凍食品など何もしなくても立つ食材はいいのですが、肉や魚などはそのままでは立ってくれません。それらはまずフリーザーバッグに入れて製氷機ヨコのスペースに寝かせておき、凍ったら下の段に「立てて入れる」のです。

肉や魚などの食材は凍らせて立てて収納。

●野菜室には紙袋を利用して収納

引き出しタイプの野菜室には、タマネギの皮やジャガイモの皮などがポロポロとはがれ落ちてたまります。これはマチのある紙袋で解消できます。

野菜室の高さや大きさに合わせて袋をいくつかセットして、野菜はその中へ。こうすれば野菜かすがたまることはありません。袋は使い古したら取り替えましょう。私はよくスタバの紙袋を利用しています。上の方を折り返すと、丈夫で使い勝手のいい収納袋になります（左ページ写真上）。

紙袋のほかにはタッパーをひとつ入れておき、使いかけのニンジンやキュウリなど小さな野菜を入れています（左ページ写真下）。じかに入れると奥へ奥へとさまよい、やがてカピカピになって発見されることがよくあります。

紙袋とタッパーで、小さなかけらを埋もれさせない仕組みを作りましょう。

マチのある丈夫な紙袋を有効活用すれば、野菜のかすが野菜室にたまらない。使いかけの小さな野菜はタッパーへ。

冷蔵庫を片づけると自分の献立の傾向がわかる

はじめに冷蔵庫を片づけるメリットがもうひとつあります。自分の献立の傾向が見えてくることです。

あらためて冷蔵庫の中を見渡すと、よく使う食材、1か月に1回くらい使う食材、1年に1回も使わないかもしれない食材などが見えてきます。普段、どんなメニューを多く作っているのか、よく理解できます。

自分の献立の傾向を知っておくことは、「キッチンの片づけ」にとても有効です。献立が違えば、キッチン内の動きも違ってきます。調理道具や使う調味料の最適な収納場所もおのずと変わってくるのです。

たとえば、下味をつける料理が多い人なら調味料はコンロまわりではなく、調理台周りにあるほうが便利です。冷蔵庫を片づけることで、キッチンの片づけのイメージが湧いてくると思います。

なお、冷蔵庫を片づける前に写真を撮りましょう。冷蔵庫、冷凍庫、野菜室、すべて撮っておきます。片づけが済んだら同じ角度で撮影しましょう。冷蔵庫ビフォー／アフターを見比べてください。

キレイに片づいた冷蔵庫。しかしそこで終わりではありません。実際の使い勝手を検証しましょう。冷蔵庫は家族もひんぱんに使います。家族にとっても使いやすい仕組みになっているでしょうか？　1週間後、キレイな状態が維持できていれば合格です。

これで準備体操は終了。いよいよキッチンへ！

片づけ開始前に写真を撮って現状と向き合う

●ビフォー/アフターの変化を確認する

まずは、キッチンの写真を撮ることから始めましょう。片づける前に現状を把握しておく必要があります。キッチンの全体はもちろん、冷蔵庫の中(もう撮りましたね)、棚の中、引き出しの中、床下収納、すべて撮っておきましょう。

片づけを続けていくと、以前の状態を忘れてしまうので、ビフォーの写真を見ることで、一見変わっていないように感じる状況を俯瞰することができ、「スッキリした」「片づけられた」と実感が湧いてきます。そうした小さな成功体験の積み重ねが、片づけを習慣にしていくためには大事なのです。

客観的に現実を見られるのが写真のいいところ。不思議なもので、いつも目にしているのに気づかなかったことに、写真を見て気づくことがあります。

いるモノ、いらないモノを分けて、いらないモノを捨てた後に写真を撮って、スッキリしていたらＯＫ。もし写真を見て、まだゴチャゴチャしていると感じたら、もう一回、いるモノ、いらないモノを分けていきましょう。

まずはキッチンだけでＯＫですが、他の部屋の片づけをする前もすべてのコーナー、棚、引き出しの中を撮っておきましょう。

ビフォー写真で確認する３つのポイント

写真で確認するポイントは３つ。

1. 置きっぱなしのモノ

キッチンの床に、水や食品が入ったネットスーパーの段ボールがドーンと置きっぱなしになっていませんか？　食器棚の扉、冷凍庫の扉、開けるたびにいちいちモノをどけていませんか？

床やカウンターや棚の上に、とりあえず置いてそのまま居座っているモノたち。それらはいつからそこにあるのでしょうか？　写真を見ると気づきます。

モノが置きっぱなしになっているとその状態に目が慣れてしまい、その上にさらに〝とりあえず〟のモノが積み上がっていきます。

写真を通して〝とりあえず〟のモノが置かれがちな場所を把握しましょう。

2. いつも丸見えのモノ

カウンターや扉のない棚の中はもちろん、ガラス戸棚の中のモノも案外よく見えます。また、調理台やシンクまわりのキッチンツール（お玉や菜箸）、洗剤やスポンジなどは、かなりカラフル。洗剤のラベルも目につきます。

さらに、床や壁の上をはう電子レンジや電子ポットなどのコードの配線。使い勝手は便利でも、写真を撮って見ると残念ながら丸見えで、ゴチャゴチャしているのがよくわかります。

半透明のプラスチックケースも同様。人はなんとなく透けて見える先が気になるものです。

来客から見える場所に半透明のプラスチックケースや扉がある場合は、中身が見えないモノに替えるとか、透けて見えても大丈夫なようにキレイに整頓するとかしておくことをおすすめします。

3．色や素材の統一感

キッチンツールは鍋やフライパン、フライ返しにお玉に計量カップなど、こまごまとしているだけに、色や素材の統一感については二の次になりがちです。

冷蔵庫、食器棚、ワゴン、カウンターなどの色や素材も、バラバラになりがちです。まず写真を撮って、キッチンの中に何色あるか数えてみましょう。床や壁、天井の色もカウントします。

基本的に、3色以内ならスッキリして見えるでしょう。4色以上になると、モノの数や配置は同じでも、ゴチャゴチャして見えてきます。

きっちり3色以内にまとめるのはむずかしいと思いますが、色の系統を合わせるだけでもスッキリしてきます。ナチュラル系、アースカラー、モノトーン、パステルカラーなど、色に統一感があるかどうかもチェックしましょう。

素材も統一感に大きな影響を与えます。家具なら木、アルミやスチール、鉄などの金属系、ガラス、プラスチックなどが混在していると、ゴチャゴチャ感が出てきます。たとえば、キッチンはウッディにまとめているのに、隣のダイニングにプラスチックケースが積んであると、なんとなく落ち着きません。キッチンをウッディにまとめ、全体を温かい感じにしたいのなら、収納ケースも天然素材のモノを選ぶとまとまり感が出てきます。

写真をじっくり見て、今そこにある現実に向き合いましょう。まずはキッチンから。一気にすべての部屋と向き合ってしまうと疲れてしまいますから、欲張らずにキッチンから始めましょう。

現状を把握したら、キッチンにあるすべてのモノに触れてください。そして「いるモノ」と「いらないモノ」に選別します。あなたの今に必要なモノ。あなたの理想とする未来に持っていきたいモノ。将来なりたい自分に必要なモノだけを選びましょう。

ここでひとつ注意！　このタイミングで「お掃除」を始めないでください。**掃除は掃除、選別とは別の作業です。**絶対に掃除を始めないこと！　そこで片づけがストップしてしまう危険性があります。

選別の作業は、はじめのうちはキツイと思います。身を切られる思いがするかもしれません。でも、あなたは「片づけられる」人になるのですから、将来のなりたい自分を見据えて頑張りましょう。「私は片づけられる！」と口ずさみながら、一日10分でいいので、選別を続けていきましょう。

ゴールは、キッチンにあるすべてのモノに触れて「必要なモノ」だけにすることです。次のフローチャートに沿って、システマチックに選別していきましょう。

モノの「絶対量」を減らすフローチャート図

〝いつか使うかもしれない〟は「未来への期待」
〝昔使っていたから〟は「過去への執着」
〝今必要かな？〟を基準にモノと向き合ってください。

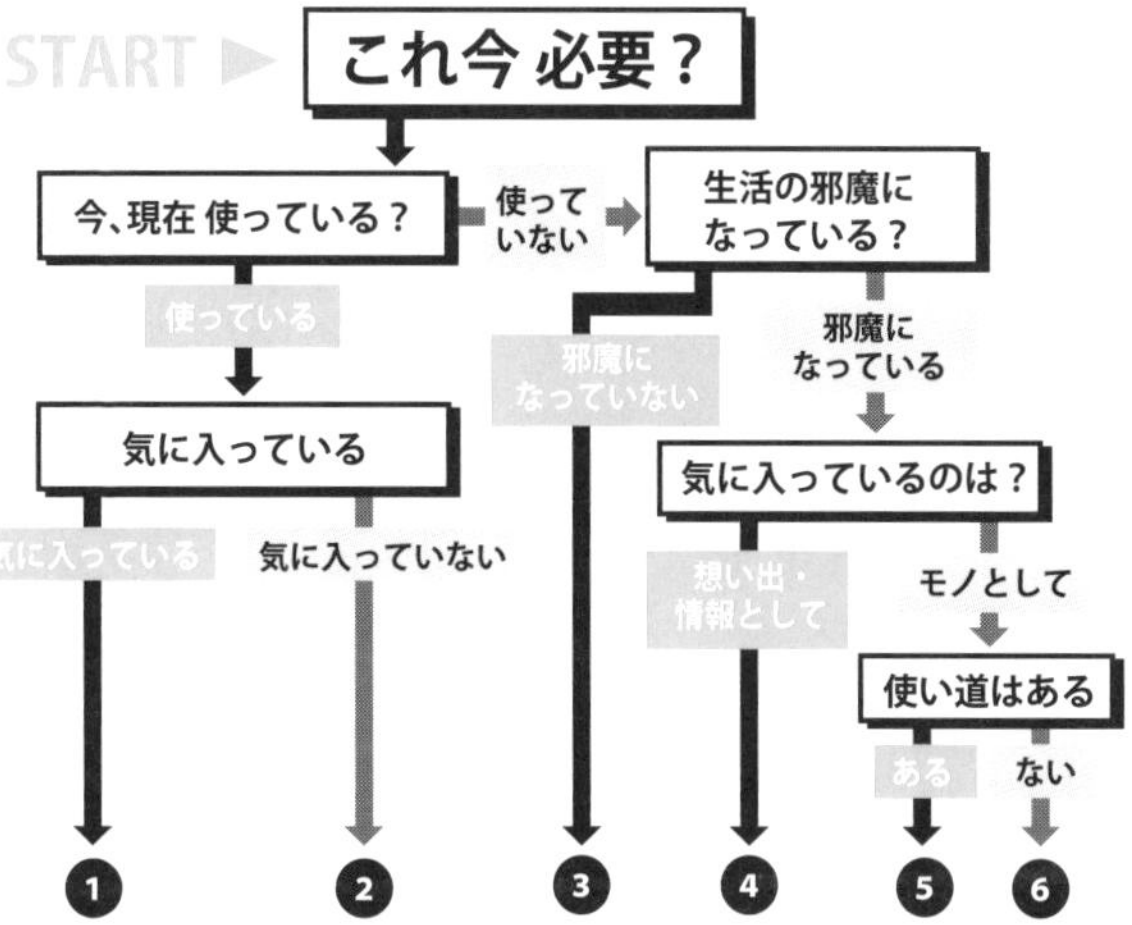

1 残す
使っていて、しかも気に入っているモノは残す。これまで捨てると生活に支障が出る。

2 代替品に替える
使うことはあるけれど、気に入らないモノは思い切って理想のモノに買い替える。

3 スペースに制限を設けて残す
邪魔になっていないならあえて捨てる必要はありませんが、ため込みすぎるといつかは邪魔に。「この箱に収まるだけ」などスペースに制限を設けて、はみ出たら捨てるという形で管理する。

4 データ化する
手紙など価値ある「思い出」の品は画像データにして保存し、モノ自体は捨てる。

5 使う
いただき物のちょっと高価な食器。来客用にとってある高級タオル。普段使いできるモノは使う。非日常品ならインテリアに。

6 手放す
使い道もなく、生活の邪魔になっているならば、手放しても問題ありません。

家事力を最大限に高める
キッチンのコックピット化

キッチンを片づける際の最大のポイントは「コックピット化」です。

コックピットとは飛行機の操縦席のこと。写真などでご覧になったことがあると思いますが、操縦士はすべての操作を座ったまま行います。立ち上がってあっちウロウロ、こっちウロウロ、なんてことはしませんよね。コックピットは腕を伸ばすだけですべてが操作できる、究極のムダなし空間です。腕を伸ばすだけで作業ができるキッチンをイメージしてください。

キッチンをコックピット化するポイントは2つあります。

1. ムダな動きがなくなる仕組みを作る

I型・L型、アイランドキッチンなど形状はいろいろですが、一般的なキッチンの広さはだいたい3~4畳くらい。このスペースで、いかにムダなく動ける仕組みを作るかがポイントです。

□作業スペースをふさぐモノを置いていないか？

ペットボトルの箱、ストック食材の段ボール箱、買ってきた食材などが床の上に置きっぱなしになっていませんか？　システムキッチンの扉の前や食器棚の前に置いてあると、その中のモノを取り出すのに、いちいちどける手間がかかってしまいます。また、キッチンの作業スペースに使用頻度の低い調味料や調理器具が置いてあると、邪魔になったり、スペースが狭くなったりして、作業効率が落ちてしまいます。

□段取り良く料理できる仕組みになっているか？

料理に使う道具や調味料が、作業の動線（動きの経路）に沿って配置されているかを確認しましょう。

2. すべてのモノが整理・整頓されているか？

キッチンは限られたスペースです。必要なモノだけを置きましょう。滅多に使わない調味料、一年に1回も使わない調理器具、ありませんか？　必要最低限の量とモノを手の届きやすい場所に置き、あとはストックとして別の場所に置きましょう。

システムキッチンの ヨコの位置とタテの位置を〝仕組み化〟する

では、キッチンの収納を始めましょう。収納とはモノの定位置を作ることです。「お片づけ習慣化6メソッド」（52ページ～）のステップ3から入ります。さあ、「私は片づけられる！」と声に出しながら進めましょう！

1．ヨコの位置は「使う場所」で決める

システムキッチンは調理台、シンク周り、コンロ周りと、3つに区切られています。「使うモノは、使う場所の近くに収納する」のが基本です。

各チェックリストを使って、調理用具やこまごましたモノの収納場所を、ひとつひとつ決めていきましょう。

ヨコの位置は「使う場所」で決める

まず、そのモノはどこで使うか考えましょう。

そして、使う場所の近くに定位置を作ります。

キッチンはヨコのゾーンが「シンク周り」「調理台」「コンロ周り」の３つに分かれます。

「シンク周り」には鍋などの水を使うモノを置きます。

「コンロ周り」にはフライパンなどの火を使って加熱や調味に使うモノを置きます。

使う時のイメージをして定位置を決めることがポイントです。

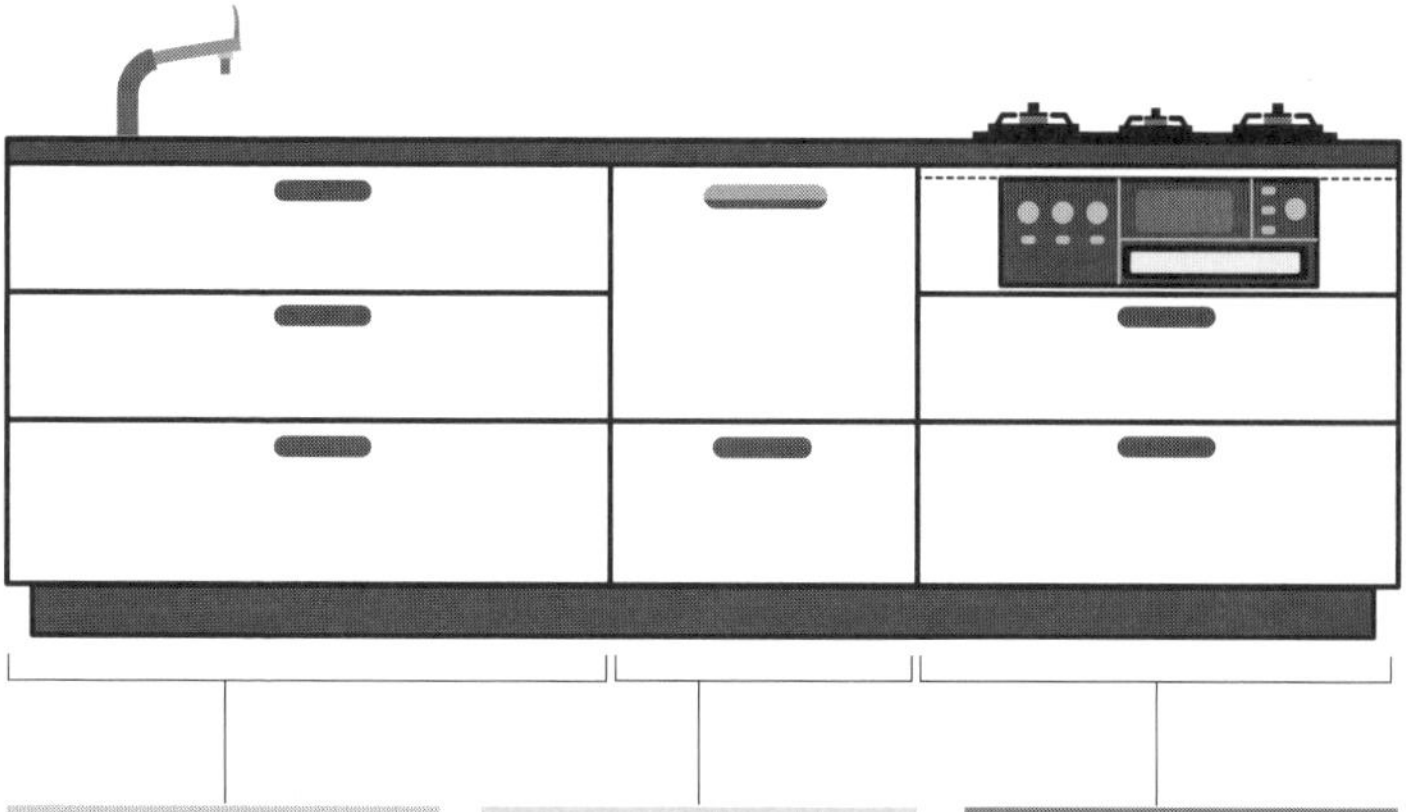

シンク周り
水を使うモノ
- スポンジ、たわし
- ボウル、ざる
- 鍋
- 包丁、まな板
- 食器用洗剤

調理台
下ごしらえや保存に使うモノ
- ピーラー
- キッチンバサミ
- 保存容器
- ラップ、アルミホイル
- お米

コンロ周り
加熱や調味に使うモノ
- フライパン
- 天ぷら鍋
- 基本的な調味料
- オイルポット

〈シンク周り➡水を使うモノ〉

□スポンジ

□洗剤

□包丁、まな板

□鍋

□ボウル

□排水溝ネット

□ざる

□ゴム手袋

□花瓶

□ポリ袋

〈調理台➡下ごしらえに使うモノや、保存に使うモノ〉

- □ ピーラー
- □ キッチンバサミ
- □ 菜箸
- □ 保存容器
- □ ラップ、アルミホイル
- □ 袋どめクリップ
- □ 輪ゴム
- □ おろし金
- □ すり鉢
- □ 小さじ、大さじ、スプーン
- □ 計量カップ
- □ 泡立て器
- □ 微塵切りチョッパー
- □ スライサー
- □ サラダスピナー

〈コンロ周り ⬇ 加熱や調理に使うモノ〉

- □各種フライパン
- □天ぷら鍋
- □油類
- □基本的な調味料
- □オイルポット
- □木べら
- □シリコン調理スプーン
- □お玉
- □網

以上はあくまで一般的な例です。

私は以前、鍋類をコンロ下に収納していました。しかし、私の場合、鍋は水を入れてから沸かすことが多いと気づきました。そこでシンク下に鍋の収納を変えました。

それまではコンロ下から鍋を取る→シンクで水を入れる→コンロという作業経路を通っ

ていましたが、シンク下に移したことで、シンク下から鍋を取って水を入れる→コンロだけに短縮できました。

よく作るメニュー内容によって調理台の下か、コンロ周りの下か、定位置は変わってくると思います。「ムダな動きを省く」ことを優先しましょう。

2. タテの位置は「使う頻度」で決める

ヨコの位置を決めたら、タテの位置＝高さを決めます。タテは、「ゴールデンゾーン」「高い位置」「低い位置」の3つに分けて考えます。

ゴールデンゾーンとは、無理なく手が届く範囲の、もっとも使いやすい場所です。

ゴールデンゾーン＝使用頻度が高いモノ
高い位置＝使用頻度が低くて軽いモノ
低い位置＝使用頻度が低くて重いモノ

使う頻度の高いものをゴールデンゾーンの近くに配置していきます。

タテの位置は「使う頻度」で決める

いちばん使いやすいゴールデンゾーンは、
背伸びをしたり、かがんだりせずに手が届く場所です。
使う頻度順にゴールデンゾーンの近くから配置していきます。
使用頻度の低いモノは「軽いモノは高い位置」
「重いモノは低い位置」を基本に配置します。

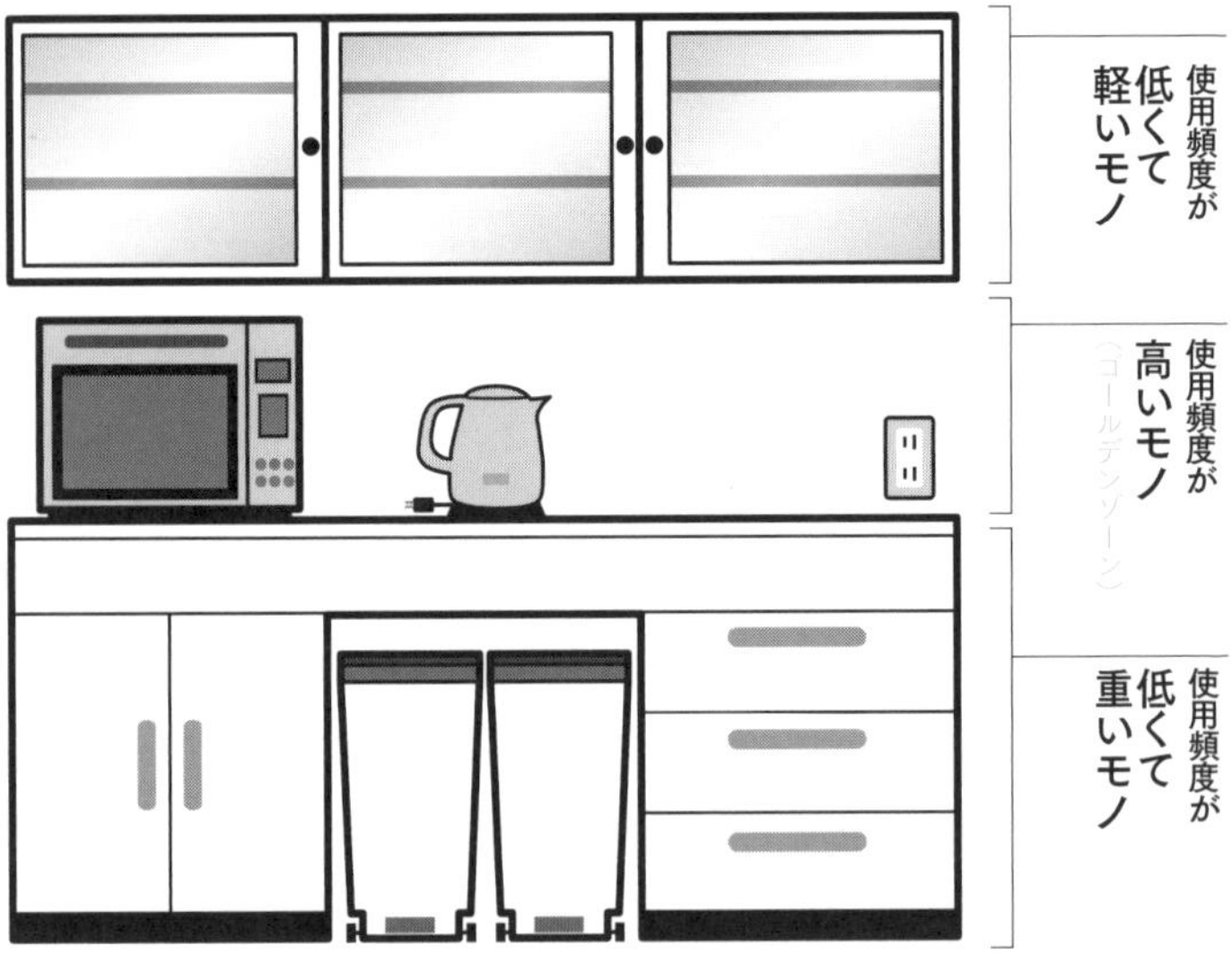

【ゴールデンゾーンの奥行きと高さの範囲】

奥行きは、肘が体に接している状態で、指先から30㎝くらいがもっとも手が届きやすい。そこから腕を伸ばして50㎝くらいまでがゴールデンゾーン。

高さは、膝のあたりから、あご下のあたりまで。立ったままラクに手が届く。もっとも使いやすいゴールデンゾーンには使用頻度が高いモノを収納する。

【ゴールデンゾーンと収納アイテム例】

1. 高い位置＝使用頻度が低くて軽いモノ

- □ 乾物などの軽いストック品
- □ 年に1度しか使わない寿司桶、お重、来客用のトレーなど
- □ 製菓グッズ
- □ 保冷バッグ
- □ キッチンペーパーのストック
- □ ラップ類のストック

2. ゴールデンゾーン＝使用頻度の高いモノ

- □基本的な調味料
- □ラップ
- □コーヒーメーカー
- □炊飯器
- □オーブン、電子レンジ、トースター
- □電気ポット
- □日常使いの食器、カトラリー
- □パン
- □お菓子
- □回転が早い食品ストック
- □お弁当箱、水筒

3. 低い位置＝使用頻度が低くて重いモノ

□ホットプレート、たこ焼き器
□卓上ガスコンロ
□お米
□飲み物のストック
□大きい、重たい食器
□土鍋

ヨコの「作業場所」とタテの「使用頻度」を掛け合わせて、キッチンのコックピット化を進めましょう。

●家族それぞれにゴールデンゾーンがある

身長によってゴールデンゾーンは変わります。他の部屋に応用する時は、子ども部屋なら子どもの身長に合わせて考える必要があります。

小さな子どもの部屋でありがちなことで、おもちゃにそれぞれ定位置を決めて「ここにしまおうね」と約束したのに、子どもがどうしても別の場所に入れてしまうということがあります。よく見ると、定位置が子どもからすると高くて入れにくい場所だったりします。子どもが使うモノは、子どもにとってのゴールデンゾーンを定位置に。そうすれば、子どもでも自分で片づけられるようになるのです。

ほかの部屋も同様です。たとえば、夫のカバンの定位置を決めたのに何度言ってもそこに置いてくれない。理由を聞くと、いちいちしゃがむのが面倒とか、高い位置のフックに掛けるのが面倒とか、高さに原因があったりします。

キッチンの場合は、キッチンによく立つ人が無理なく手が届く範囲をゴールデンゾーンにしてかまいません。キッチンは立ったままですが、コックピットと同様、ムダなく操作できることを最優先してください。今まで30分かかっていた料理が、動き回ることがなくなり、20分でできるようになると思います。そうすると、楽しくラクに料理ができるキッチンになるはずです。グッドラック！

使いやすい奥行きと高さ＝ゴールデンゾーン

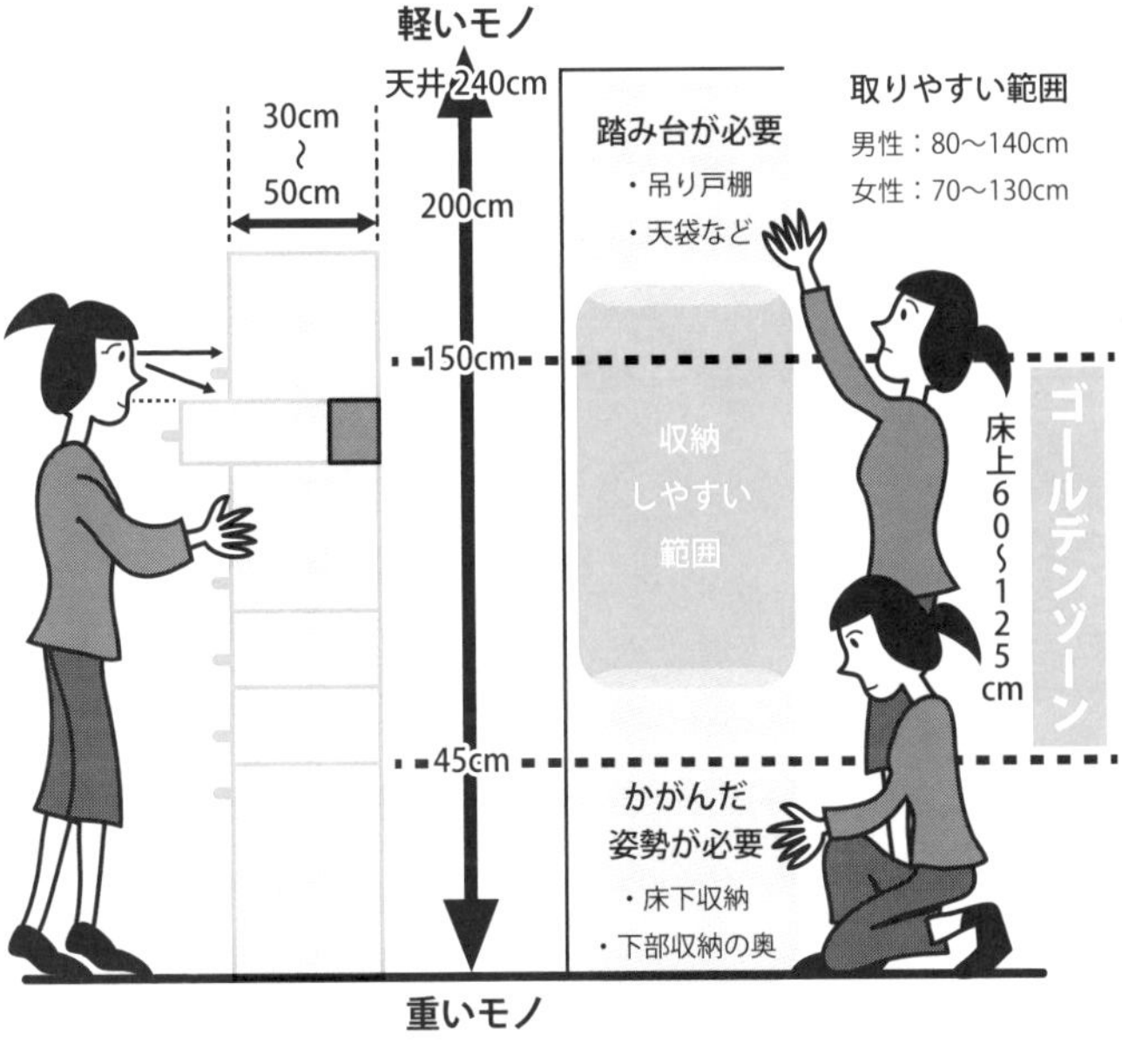

「棚」「引き出し」「吊るす」各タイプの適性を活かした
ムダを減らせる収納方法

キッチンのすべてのアイテムの収納場所＝定位置が決まったら、次のステップへ進みます。モノを取り出しやすく、戻しやすい仕組みを作りましょう。片づき方が目に見えてきて、気持ちが盛り上がってくる段階です。

収納の形は、大きく分けて3つあります。「棚タイプ」「引き出しタイプ」「吊るすタイプ」です。

収納を考える際はまず、自分の普段の作業アクション数をカウントしてみてください。

たとえば、鍋でお湯を沸かすのに何アクションを要していますか？　①調理台の下の引き出しを開ける→②鍋を取り出す→③シンクに移動→④鍋に水を入れる→⑤コンロに移動して着火と、この場合は5アクションです。

できるだけアクション数を減らして、ムダな動きを減らす収納の仕組みを考えましょう。

システムキッチンですから、引き出しと吊り棚の位置はすでに決まっているわけですが、それぞれのメリットと適性を活かせばキッチンを最適化することができます。

〈棚タイプの活用方法〉

【食器棚】

お皿はブックエンドを利用し、立てて収納。

【吊り戸棚】

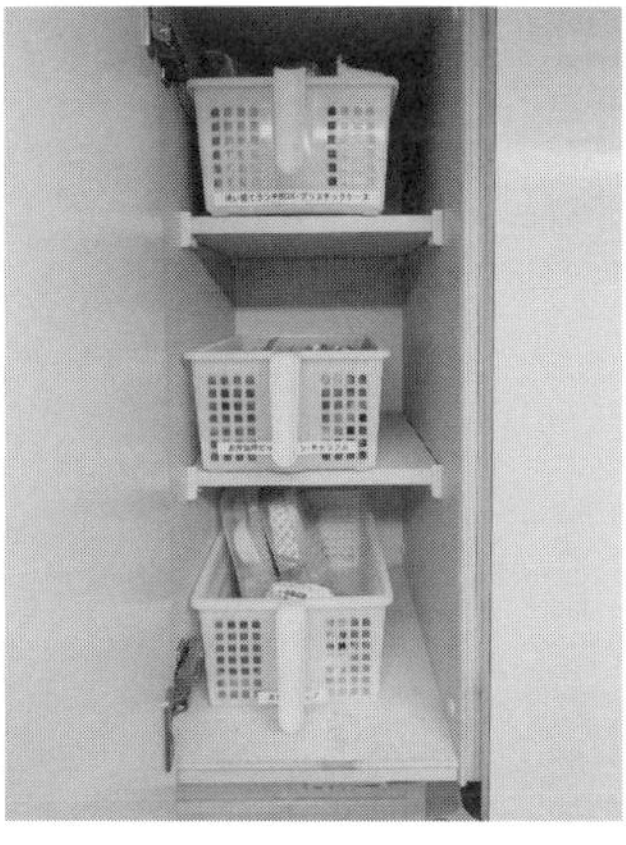

奥行きのある棚は取っ手つきのカゴ収納を使用。

高さと奥行き。2方向を使い切ることで使い勝手がアップします。

○高さは棚板で区切り、空間を有効に活用しましょう（右写真上）。

○細かいモノはバラバラに置かず、奥行きのあるトレイやカゴを使って収納。トレイを引き出しのように使います（右写真下）。

○高い戸棚は目線より上の位置にあるため、重いモノや、万が一落ちてきたら困る刃物や割れ物の収納には適しません。軽めの食材や調味料のストックの保管におすすめです。

上段と下段に仕切られている場合、上段は踏み台を持ってきたり、背伸びしたりしなければならないので、滅多に使わないモノを入れましょう。

下段は「月イチくらいの使用頻度のモノ」と、頻度別に分けて入れましょう。

〈引き出しタイプの活用方法〉

奥まで見えて取り出しやすい使い勝手のよい収納方法を考えましょう。

○引き出しの中はプラスチックケースやブックエンドなどで仕切り、1か所に1種類のモノを収納すると、見た目もスッキリし、使い勝手が良くなります。もともと付属していた仕切りケースの使い勝手が悪ければ撤去し、100円ショップなどに売っている仕切りケースなどをセットすることをおすすめします。

○深い引き出しの場合、フライパンや鍋を重ねたり、細かなモノを薄いケースに入れて重ねて入れたりすると、下のモノが見えにくく、かつ、取り出しにくくなります。深い引き出しはブックエンドやファイルボックスなどを使って立てて収納し、ワンアクションで取り出せるように仕組みを作ることが基本です。

深さのある引き出し。ブックエンドを使って、鍋やフライパンを立てて収納。

〈吊るすタイプの活用方法〉

取り出しやすく、場所を取らない収納方法です。

○壁や扉にフックを取り付けて吊るすか、突っ張り棒を設置して引っかけます。限られたスペースを有効活用できます。

○使用頻度の高いモノを吊るしましょう。毎日使う鍋、カップ、ふきんなど。外に置いているわけですからホコリがつきやすく、また、コンロに近い位置なら油ハネもあってベタベタしがちです。毎日使うモノなら、そのたびに洗うので清潔さを保てます。

○〝見せる収納〟でもあるので、インテリア性を意識して、色・デザイン・素材をできるだけ統一しましょう。

たとえば、フックや突っ張り棒を含め、吊るすモノの色をモノトーン系に揃えたり、ホーローの鍋とウッディな調理道具だけにしたりするなど素材の質感を合わせます。

見えにくい場所に吊る

どうしてもゴチャついて見えるなら、扉の裏側や棚の側面など、見えにくい場所に吊るしましょう。それもスペースの有効活用のひとつです。

リビングから見えにくいシンク奥の壁を使い、こまごましたキッチンツールをフックで吊るす。フックは同じ型だと統一感がある。

お片づけ習慣化講座

「家庭力アッププロジェクト®」受講生のBEFORE／AFTER

●ケース１　調理台　Kさん

（30代／夫と子ども２人の４人家族）

以前は、洗った食器や道具をそのまま調理台やガス台に置きっぱなし。料理はまず調理のスペース作りからでした。20本以上ため込んでいた調味料（100均で買ったナツメグ、シナモンなど年に１回使うかどうか）や、母からもらった圧力釜など、普段使わないモノを処分。現在、調味料は塩、砂糖、胡椒、七味、辣油、だしの素など５～６種類で間に合っています。

彩智さんの「普段使うモノはワンアクションで手に取れるように」というアドバイスに沿って、カゴとフックを使った収納スペースを作りました。突っ張り棒やフックなどの収納グッズはすべて100均で揃えました。

夕飯後の時間に余裕ができ、子どもと過ごす時間が増え、宿題を見てあげられるようになりました。最大の変化は、夫が料理し始めたことかもしれません。調理道具や食材、何がどこにあるのかわかるようになったことで料理しやくなったようです。

BEFORE ／ AFTER の変化まとめ

1. 料理しながらこまめに洗い物ができるようになった。
2. 夕飯の調理に１時間以上かかっていたのが 30 分に半減。
3. 夫が料理をするようになった。

●ケース2　シンク下　Sさん
（30代／夫、子ども3人の5人家族）

シンク下も〝コックピット化″に取り組みました。

以前は、白米の袋が右の奥の方にあり、毎日、米を炊くのにいちいち手前の白いケースとボウルを取り出していました。なぜそういう配置になっていたのか、わかりません。

毎日使う掃除用品はシンク下に移しました。タオルは洗面所にまとめて置いていたので、替えるたびに洗面所を行き来していましたが、その移動時間が不要になりました。

左側のカゴの上にあるのはメラミンスポンジ。以前買ったまま行方不明になっていたメラミンスポンジが、今、大活躍です。また、左端に新聞紙を立てて収納しています。うちは揚げ物をすることが多いので、油ハネよけによく使います。以前はクローゼットにしまっていたので、これも移動の手間が省けました。コックピット化で片づいただけでなく、掃除がしやすく、キレイがキープできるキッチンになりました。

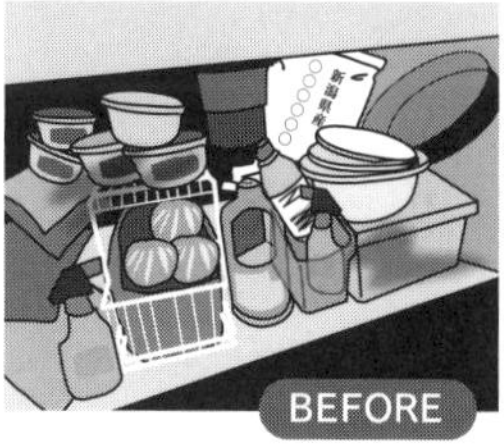

BEFORE／AFTERの変化まとめ

1. 掃除する頻度が上がった。
2. 帰宅時に感じていたイライラがなくなった。
3. 子どもの友達が遊びに来るようになった。

●ケース3　床の上　Mさん
(30代／夫と子ども2人の4人家族)

新居に引っ越してきて6年目。前より広い家に越したのに、収納場所を決めずにいたら、5年でこうなりました。カウンター下の棚の扉は開けられません。脚立は物置になってしまったので上の棚も使えなくなり、5年前にしまったジャムやオリーブオイルがそのままありました。

彩智さんの講座で、私は「モノの定位置」が決められるようになりました。どこに何があるかわかるので、二度買い、三度買いがなくなり、ムダなお金が減りました。以前は「おいしそう」と思うとすぐ買っていましたが、そうした衝動買いもしなくなりました。片づけの習慣化でスケジュール管理ができるようになり、手間がかかる料理も作れるように。

いちばんの驚きは体重が4kgも減ったことです。片づけを継続することが日々、心と身体を見直すことにもなり、ストレスが軽くなったことを実感しています。

BEFORE／AFTERの変化まとめ

1. 生活習慣の見直しで体重が無理なく4kg減。
2. 自己評価が上がり、人の顔を見て話せるようになった。
3. 小学生の息子が自分で水筒を準備して出かけるようになった。

【彩智語録❷】

「家庭力アッププロジェクト®」の中で投げかけた言葉のうち、
「印象に残った」として受講生のみなさんへのアンケートで
上位に挙がったものをご紹介します。

日々積み残しはしない生活にしよう！
その日の終わりにしっかり帳尻を合わせること

毎日10分ほどの隙間時間を大切にしよう！

「毎日できた」を積み上げるだけでOKなんだよ。
小さな目標をコツコツと！

三日坊主いいじゃん！　三日坊主も
3回続けば9日頑張ったことになるよ！

「使う？」「使わない？」の整理は1か所ずつ！
あちこちやらずに1か所ずつ！

完璧主義のお片づけじゃなくて、
片づけは完了主義でいこう！

今日手放したモノはゴミじゃないよ！
今日の成果物＝収穫だよ！

今日のゴールは決めた？
じゃあ1週間のゴールは？
そして1か月後のゴールはどこ？

第4章

家族をチームにすれば、家はみるみるキレイになる

家族を巻き込めばリバウンドしにくい

●ひとりで頑張らない

私は片づけに限らず、家事も育児も「自分ひとりが頑張らない」ことを大事にしています。ひとりのワンオペになることで時間も取られ、負担も大きくなり、ストレスを抱え、心の不安がどうしても増していきます。これが〝片づけられないループ〟に陥る大きな原因のひとつです。

当たり前のことですが、家は家族みんなのもの。みんなが使う場所。ママひとりが「これはここに収納する」と決めても、その情報を家族が共有していなければすぐに散らかってしまいます。

リバウンドしない片づけは、家族がチームになることで実現します。子どもや夫も巻き込むことが、「リバウンドしないお片づけ」を実現する最後のピースなのです。家族とコミュニケーションを密にするチャンスにもなります。片づけをきっかけに、どんどん会話を増やしていきましょう。

家族を巻き込むための4つの心得

1. まずは自分から動きましょう

人は「口だけ」の人の言うことは聞きません。仕事でもそうだと思います。まず自分から動いて片づけましょう。

今までほったらかしだったモノをママが片づけている……。いつの時代も、子どもは親の背中を見ているもの。片づけたい熱意は押しつけず、黙々と背中で見せるほうが効果的です。

2. 家族に事前にアポイントを取りましょう

「次の○曜日の○時から片づけするからね」と、片づけの予定を家族に伝えておきましょう。片づけ中に家具を動かすこともあるでしょう。その時、夫に「ちょっと動かすの手伝って」と頼んでも、夫は「なんだ急に」と快く思わない可能性があります。「今すぐ」の指図に抵抗感を示す人は少なくないものです。当日に頼むのではなく、2、3日前に予告しておきましょう。

ひとりで作業するにしても、事前アポを取っておく必要はあります。アポを取る際も「明日の○時から片づけよう」ではなくて、「明日の○時から、もしくは○日の○時から、どちらがいい？」と相手が「イエス」か「ノー」の答えを言うのではなく、どちらかを選んでもらえるようにしておくと、断られる可能性が低くなります。いくら母親／妻でも自分のモノを勝手に触られたり、ましてや移動されるのはイヤなもの。同意を取っておきましょう。親しき仲にも礼儀ありです。

3. 相手をコントロールしないで、きちんとお願いしましょう

今、片づけたいのは、あなたです。家族が同じ熱量をもっているとは限りません。片づけの熱意の押しつけに十分注意する必要があります。また、気をつけたいのが相手への指図。あれやって、次これやって、と指図されるのは、たとえ親からでもうっとうしいものです。

たとえば、「パパ、これやって！」ではなく、「パパ、お願いがあるんだけど。○○してくれたらとてもうれしいな（助かるな）」

「○○ちゃん、片づけなさい！」ではなく、「○○ちゃん、ママと一緒に片づけようか」というふうに言葉を換えるだけで、相手に与える印象がぜんぜん違いますよね。

あくまで、片づけたいのはあなた。それを押しつけられたらウンザリするだろうことを忘れずに。相手の気持ちを考えながらお願いしましょう。

4. 協力してくれたらいつもの100倍の「ありがとう」で感謝を伝えましょう

最後に感謝の気持ちをしっかり相手に伝えましょう。なんとなく「どうも」ではダメです。きちんと「ありがとう」と、目を見て言いましょう。

「片づけてくれたの!?　ありがとう!!」

「めっちゃくちゃうれしい！　ありがとう!!」

大げさなと思われるかもしれませんが、ダマされたと思っていつもの100倍の「ありがとう」を言ってみてください。

感謝されると、人は変わります。夫や子どもも、ママがこんなに喜んでくれるんだ、なんかすごくいいことしたな、とうれしく思ってくれるでしょう。その積み重ねが片づけのイメージをポジティブに変えていく糸口にもなります。

●魔法の「さしすせそ」と、残念な「さしすせそ」

家族に限らず、仕事場、その他もろもろの人間関係に有効な魔法の言葉です。

〈人をやる気にさせる「さしすせそ」〉

さ　さすが！
し　知らなかったぁ！
す　すごい！
せ　センスがいい！
そ　そうなんだ！

次に、あなたが言われたらたぶんイヤな気持ちになる残念な言葉。

〈人をイラッとさせる「さしすせそ」〉

さ　さんざん言ったのに

し　知らないからね！

す　好きにすれば！

せ　せっかくやったのに！

そ　そうじゃないし！

家族に対してだけでなく、日頃の自身の言葉づかいも振り返ってみましょう。つい、人をイラッとさせるひと言を発していませんか？　**片づけとは日々、自分と向き合う作業なのです。**

片づけをラクにする「流れのある家」とは？

● 家族が家の中を行ったり来たりしていない？

モノが散らかる、片づかない。その大きな要因は、**「使う場所と収納場所が離れている」**ことにあります。

ここでちょっと、みなさんの普段の家の中の動きを思い出してみてください。学校に行く前の子どもが、洗面所と子ども部屋の間を行ったり来たりしていませんか？　お風呂に入る前に、パジャマと下着とバスタオルの収納場所がそれぞれあって、3か所を歩き回っていませんか？　家族のみなさん、家の中をウロウロしていませんか？

なぜ自分の家の中をウロウロしなければならないのでしょう？　それは使う場所と収納場所が離れているからです。

では、なぜ離れて置いてあるのでしょうか。それが、そこにある理由は？　なんとなくそこにあった。いつからかわからないけれど……。理由のわからないモノが多いでしょう。

「なぜかそこにあるモノたち」にあなたは支配され、振り回されていることになります。

そこで**「流れのある家」作り**です。

片づけをスムーズに行うためのキーワードが「動線」です。130ページ以降で詳しく説明しますが、動線とは、ひと言で言えば「人の動く経路」。家の中の道順のようなものです。動線に沿ってモノが配置されている家が、すなわち片づけがラクにでき、散らかりにくい家です。「流れのある家」だからです。

手始めにチェックしてみましょう。あなたは家の中でこんなことはありませんか？

- □ 探しモノをすることが多い
- □ 出かける準備の際に家をウロウロしていることが多い
- □ 同じ扉を何度も開ける
- □ 仮置きするモノが多くて「後で」がクセになっている
- □ 今は使っていないモノがゴールデンゾーンにたくさんある

チェックが付いた人の家は、「流れのない家」になっている可能性が高いです。

あなたが動く経路にモノを置けばウロウロは減らせます。

ムダな行動を減らし、片づけを含む家事の時間を減らす。それは自分の時間がちょっと増える→心に余裕が生まれるという好循環へのスタートです。

「片づける面倒くささ」も激減します。動線上にモノがあるので、動く〝ついでに〟片づけられるようになるからです。面倒くさくなければ、片づけが習慣になるのも時間の問題です。

「流れのある家」を作る3つのアプローチ

1. 動線の流れに沿ってモノを配置する

モノを動線上に配置すれば、出し入れしやすく、家事の流れを邪魔しない

私たちは普段「自分の意思で動いている」と思いがちですが、実は部屋の家具の配置やモノの位置によって「動かされている」ことが多いのです。つまり、部屋の環境次第で、人の動き方は自然と変わるのです。

部屋づくりや整理収納は、〝見た目〟の変化が強調されがちですが、その本来の目的は、〝スムーズな動きに変える〟ことです。見た目を優先し、スムーズな動きができないとしたら本末転倒です。

2. 最適な家事の流れをルール化する

もっともムダのない流れ（ルーティン）を作る

家事は基本的に同じことの繰り返し。いわばルーティンです。それがなんとなく、いつの間にか、とりあえず、こんなふうにしている……けれども、よく見るとムダな動きが潜んでいるものです。もっともムダのない効率的な流れ（ルーティン）にすることで、自然と動線上にモノが配置されていきます。

3. そもそも家事が生まれにくい部屋にする

家事に対する思い込みをいったん捨ててみる

流れのある家を作る「家事動線」と「生活動線」

洗濯物は畳むもの。床は雑巾で拭き上げるもの。そう思い込んでいませんか？　家事はこうあるべき、という思い込みはだれにでもあります。そうしたあなたの中の常識を一度捨ててみましょう。

家事の流れを良くする、ムダを減らすという観点から、「それは本当に必要か？」「違うやり方はないか？」と、疑いの目を向けてください。

ムダな作業をそもそも組み込まないことも大切です。やらなくても何ら生活に支障がない家事なら、やめてしまいましょう。もしかしたら、洗濯物は畳まなくてもいいかもしれないし、引き出しにしまわなくても散らからない方法があるかもしれません。

もっとラクなやり方でできる家事に変える。片づけとは、モノだけでなく、不要な家事も手放すことです。

“動線上”のイメージを明確にする

リバウンドしないお片づけのカギを握るのが、家の中で人が動く経路＝動線です。「家事動線」と「生活動線」の2種類があります。

家事動線は、掃除、洗濯、料理など家事をする時に人が動く通り道のことです。これをできるだけ短くする、つまり移動距離を短くすることで家事の時間と手間を少なくすることができます。

生活動線は、顔を洗う、トイレに行く、食事をとるなど基本的な生活のための人が動く通り道です。家族全員共通の経路もあれば、夫には夫の、子どもには子どもの経路もあります。

2つの動線にどんなモノを配置するかを考える時に重要になるのが、それぞれの場所のイメージです。この収納スペースをどう使いたいのか。キッチンをどう使いたいのか。どんな料理を作りたいのか。このリビングで何をしたいのか。夫はリビングでどう過ごしたいのか。キッチンにはどんな用事があるのか。子どもは自分の部屋をどう使いたいと思っているのか。そうした具体的なイメージがないと、理想的な動線は描けません。

突きつめて言えば、私はこの家でどういう生活をしたい？　どういう私でありたい？　家族とどういう時間を過ごしたい？　という問いかけです。「将来の私」をイメージしてください。スッキリ片づいたキッチンで、あなたはどんな人でありたいですか？

●間取り図を見れば動線が見える

動線を把握することが「流れのある家」づくりの第一歩です。家の間取り図を見て、全体を俯瞰してみましょう。手元になければこの機会に作成しましょう。

まっさらな間取り図を見ながら、理想の家を想像してみてください。キッチンはこう使おう、リビングはこうしよう、このクローゼットはこんなふうに使おう……。なんだかワクワクしてきませんか？

ですが、実際はすでにモノが置かれています。間取り図に現状のテーブルや椅子、棚、ソファ、ベッドなどの家具の位置を書き込んでみてください。次にあなたや家族の家事動線、生活動線を書き込んでください。この時、ついでに家族にもどんなふうに暮らしたいかなどの希望も聞き出しておくといいですね。「リビング、(本当は)どんなことがしたい？」

「あなたの部屋、（本当は）どんなふうに使いたい？」など。そうすることで、家族みんなのムダのない理想的な動線のイメージも湧いてくると思います。

間取り図を書いてみましょう！

ムダな動作がなくなる「家事動線」の作り方

家事をする人の動きに沿って動線を考えます。

ケーススタディ❶　洗濯物の家事動線を考える

この家に住むSさん（30代・女性）は、洗濯物をテラスに干します。家族構成は、夫、小学生の子どもの3人プラス犬2匹。洗濯頻度は基本、毎日です。

洗濯機およびハンガーやピンチは洗面所にあります。

まず、洗濯物を洗面所からテラスへ移動。洗面所に戻り、ハンガーやピンチを持って、テラスに戻って干します。洗濯物が乾いたら取り込み、ハンガーやピンチを洗面所に持っていきます。洗面所とテラスの間を合計2往復していることになります。

ハンガーやピンチの収納場所と使う場所が離れていることがわかります。そこでSさんは、ハンガーやピンチの収納場所をテラスにつながる部屋に移し、クローゼットの中にそれらを収納するスペースを作りました。

これで移動距離がどう変わったでしょうか。

Sさんの家の間取り図
洗濯物の家事動線BEFORE

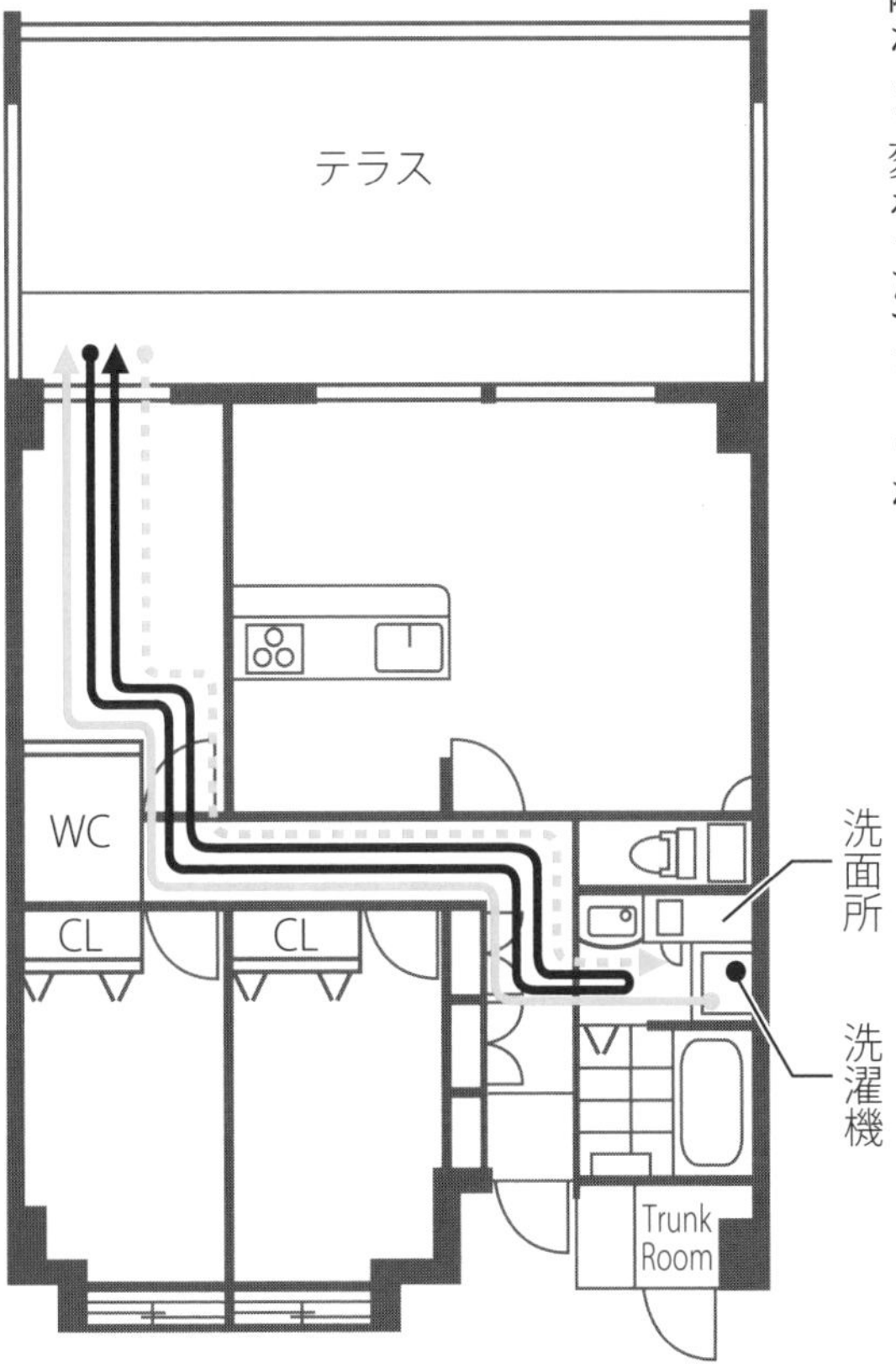

洗面所に洗濯物を干す時に必要なグッズがひとまとめになっているため、何往復もしていることがわかる。

洗面所からテラスに洗濯物を運ぶだけ。ビフォーと比べて移動距離を大きく短縮できました。

Sさんの家の間取り図
洗濯物の家事動線AFTER

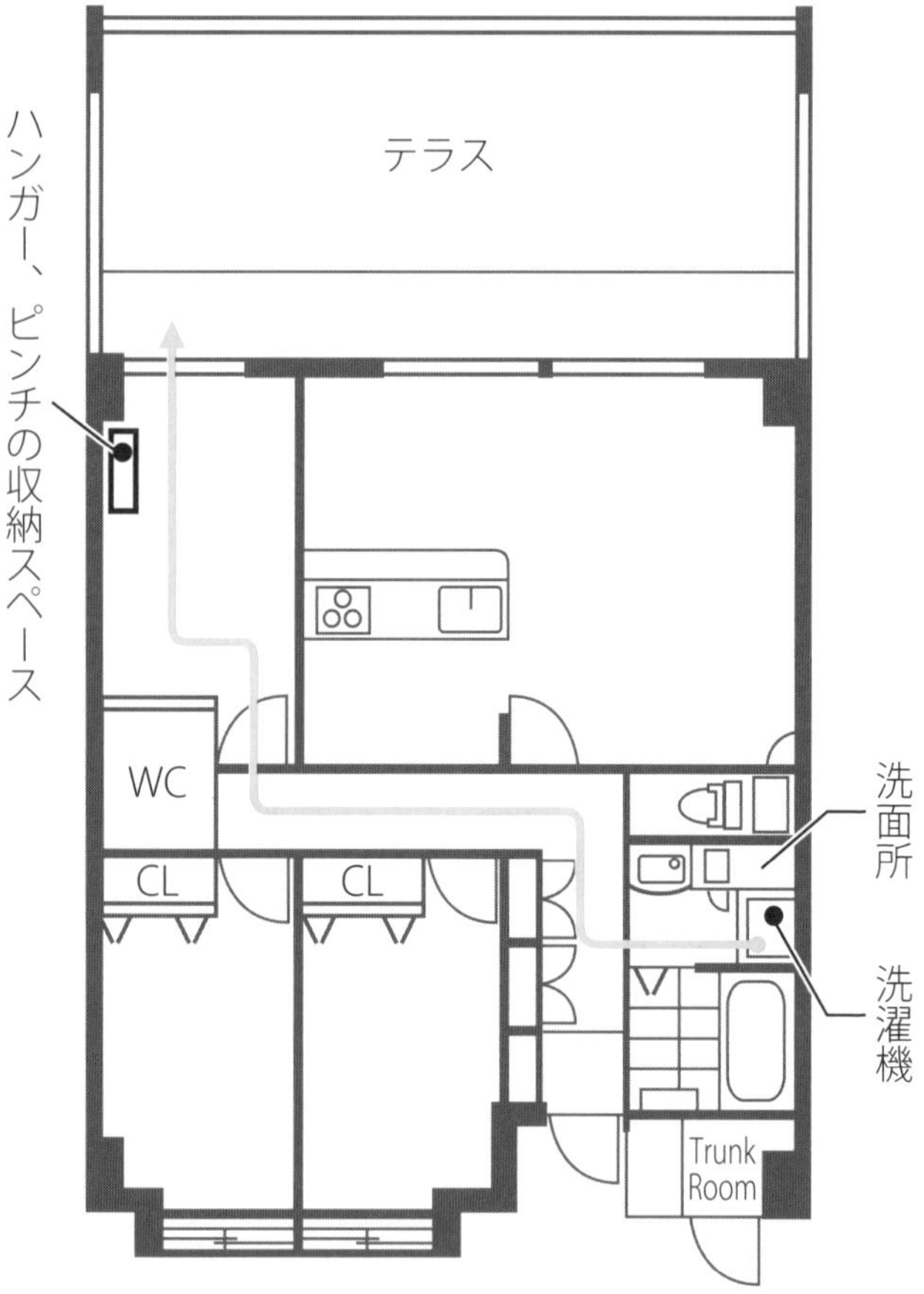

干す場所の近くに必要なグッズをまとめることで動線は約1／4の距離に減った。

ケーススタディ❷ 掃除用品の置き場所を考える

家事の中でも多くの時間を占める掃除。その用品の置き場所について考えます。

Sさんは掃除機やフローリングワイパー、粘着クリーナーなどの掃除道具を廊下のクローゼットに収納していました。しかし、使う掃除用品は部屋によって違います。

Sさんは毎日、LDKに掃除機をかけます。ということは、掃除機はLDKにあるのがベストです。

フローリングワイパーはその他の部屋と廊下で使うので、収納場所は廊下のクローゼットのままでよいでしょう。加えて、Sさんはフローリングワイパーの下にゴミ箱を設置し、使い終わったシートをその場で捨てられるようにしました。それまではキッチンのゴミ箱まで移動して捨てていました。

このように、そもそも掃除道具を1か所にまとめる必要があるのか？　と疑ってみると、特に理由はなかったりします。リビングに掃除機を置いてもいいし、クローゼットの中にゴミ箱を設置してもいいわけです。

家事というルーティンを俯瞰して見直すことで、ムダな動きが見えてきます。人は、長い時間とともに身についた「習慣」によって動きます。生活環境によって、〝最適〟なルーティンも変わります。

ケーススタディ❸　キッチンとダイニングの間の家事動線

第3章で片づけたキッチンを家事動線の視点から見てみましょう。

食材や調理用品の棚、冷蔵庫、食器棚などがすべてキッチンにあれば、料理中の移動距離はきわめて短くなります。食器棚がダイニングにあると、盛り付けのためにダイニングへ移動して、また戻ってくる。食後も、洗った食器をダイニングに移動してしまうという時間と手間が発生しています。

食器棚をキッチンに入れるスペースがなければ、キッチンに近い場所に移す。それだけでキッチンとダイニングの間のウロウロ距離を短くできます。あまり意識されることのない短い距離の移動時間。それらがチリも積もれば何十分、何時間にもなります。

家族みんなのルーティンを知って「生活動線」を最適化

「家族の生活動線記録表」を作ろう

生活動線は人それぞれ。家事動線は基本的に主に家事をする人の視点で作ればいいのですが、生活動線は家族みんなにインタビューして作る必要があります。

夫や子どもが、それぞれが朝起きてから夜寝るまで、家の中で何をするのか、どの場所で何を使うのか。学校や会社から帰宅したら上着やカバンをどこに置くのか。置いたら次はどこで何をするのか。などなど、家事と同じように、家の中の動きも人それぞれルーティン化しています。細かいことですが、観察して家族の生活動線記録表に記録するといいでしょう。家族をよりよく知る機会にもなります。

特に、家族が「外から持ち帰るモノ（新たに持ち込むモノ）」に注目。どういう経路で、どこに置いているのかチェックします。

ケーススタディ❶　夫の通勤バッグとランチボックスの定位置の決め方

家事動線でも見たSさん宅では、夫の通勤バッグの定位置を、玄関脇のポールハンガーと決めていました。しかし、夫は以前から通勤バッグを廊下のキャビネットの上に置くのがクセになっていて、なかなかポールハンガーに掛けてくれません。

そこでSさんは夫に「定位置に置かず、キャビネットに置く理由」をたずねました。ちなみに、こういう時は詰問調ではなく、温和にたずねるのがコツです。夫の答えは「重いカバンをポールに掛けるのが面倒くさい」とのことでした。たしかに、通勤バッグにはパソコンやモバイルバッテリーなどが入って、けっこうな重さです。

定位置を見直すと、ポールハンガーのフックは床から1メートル以上の高さにあり、「帰ってきて重いバッグをそこに掛けるのは面倒」との理由にSさんも納得しました。腰の高さあたりのキャビネットにポンと置くルーティンには、それなりの理由がありました。

そこでSさんは夫のルーティンを尊重し、ポールハンガーをやめて、キャビネットの籠に入れてもらうようにしました。

夫の帰宅後のルーティンで、もうひとつ改善点がありました。ランチボックスと、そのバッグです。ランチボックスは、帰宅したらすぐキッチンシンクに置いてもらうようにしました。が、バッグのほうは調理台の上にポンと置かれてしまいます。これはそもそもランチバッグの「定位置がない」ことが原因でした。そこで、シンクのそばにフックを設置し、ランチバッグの定位置を作りました。

ケーススタディ❷ 小学生の子どもの上履き袋の定位置を決める

小学生の子どもは毎週末、上履き袋を持ち帰ると、自分の机の引き出しにしまい込んでいました。それは「そこがベスト」と思っていたわけではなく、「特に置く場所がないから、なんとなく」だったのです。そのせいで、月曜の朝になると毎度「どこにしまったっけ?」と探していたそうです。

そこで、Sさんは子どもと話し合って玄関脇にフックを設置し、帰って来たらそこに上履き袋を掛けるようにしました。考えてみれば、上履き袋を子ども部屋まで持って行く必要はありませんでした。無事に子どもの生活動線に沿った定位置ができました。

ケーススタディ❸　スキンケア用品の定位置の考え方

洗顔用品やスキンケア用品を全部洗面所にまとめている人が多いのですが、これも見直す余地があります。たとえば、洗顔は洗面所でするけれど、化粧水やクリームはリビングに移動してテレビを見ながら使うことが多い……のであれば、化粧水やクリーム類はリビングを定位置にしてみるのもいいと思います。

【キッチンのコックピット収納の応用術】

第3章で学んだ「キッチンをコックピット化する技術」を、他の部屋の収納に応用しましょう。いくつか例を挙げてご説明します。

〈高さを意識した収納テクニック〉

ゴールデンゾーン＝もっとも使いやすい奥行きと高さを意識して収納するモノを決めていきます。ゴールデンゾーンは人によって異なります。子どもは成長するにしたがって、ゴールデンゾーンが上へ上へと上がっていきます。「お片づけ習慣化6メソッド」ステップ6の「見直す」で、定期的にゴールデンゾーンの見直しをしてください。

クローゼットの場合

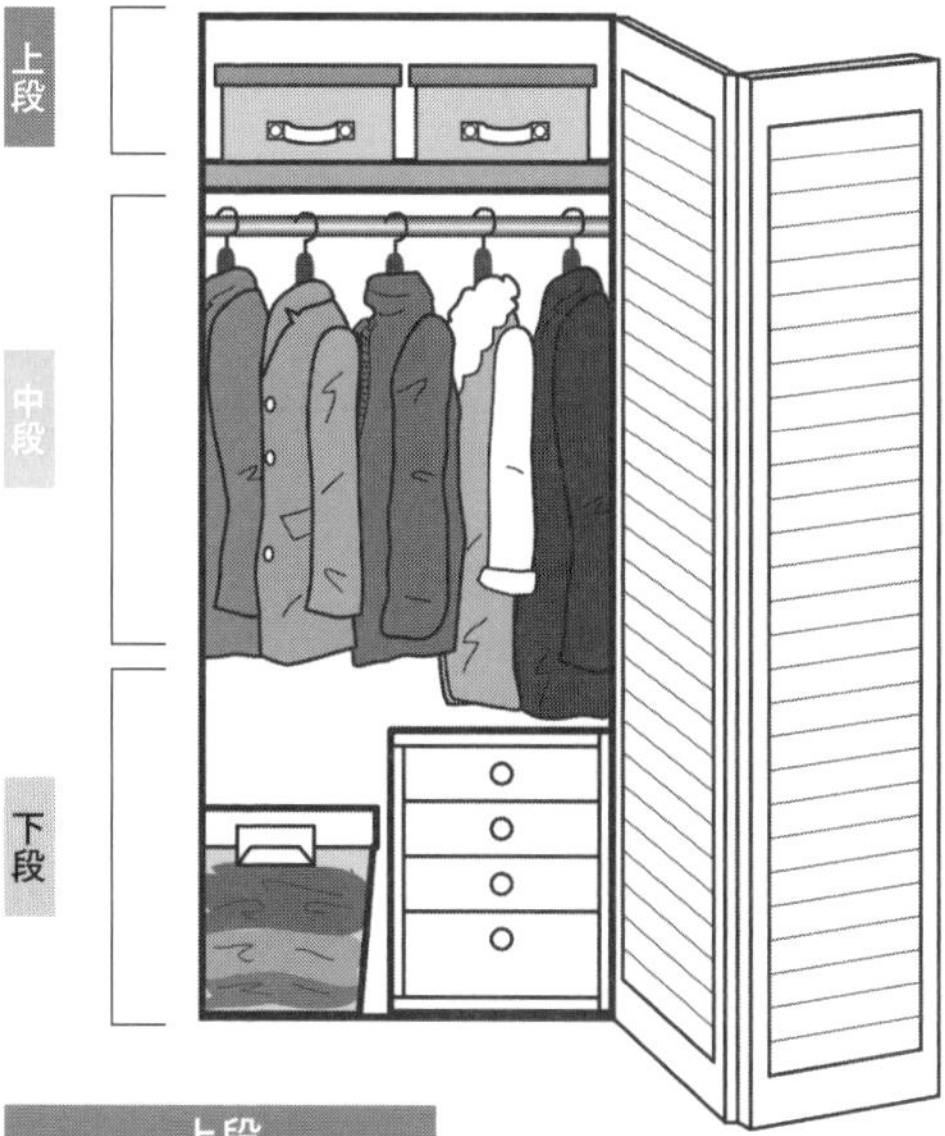

上段

- 使用頻度がいちばん低くて軽いモノを収納する
- ホコリがかぶらないよう蓋付きの衣装ケースがおすすめ
- 前面下部に取っ手があるケースに入れると取り出しやすい

【例】オフシーズンの衣類、羽毛布団、シーツ類

中段

- いちばん使いやすい場所なので使用頻度が高い衣類を収納
- 衣類の丈を揃えると衣類下の空間を活用できる

【例】オンシーズンの衣類、コート類

下段

- 吊るせないモノや使用頻度が低いモノを収納する
- キャスター付きの収納ケースを入れることでクローゼットからの出し入れがスムーズに

【例】下着、たたんだ服、カバン、書籍、アルバム

〈奥行きと用途の関係を理解する〉

収納家具を選ぶ時、特に注意してほしいのが奥行きのサイズです。幅と高さに気を取られ、うっかり奥行きを考えないで購入してしまい、使い勝手が悪かった……というのはよくある話。

特にありがちなのが、カラーボックスの用途ミスマッチ。一般的なカラーボックスは、立てて置くと、A4ファイルはヨコにしないと入りません。タテで使いたかったのに……。くれぐれも買う前に奥行きのサイズを確認しましょう。

①押し入れサイズ
75〜95cm
・布団 ・座布団など

②クローゼットサイズ
60cm
・大型衣類（コート類）など

③タンスサイズ
45〜50cm
・衣類（シャツ・カットソー類）
・食器 ・調理器具など

④キャビネットサイズ
約40cm
・書籍 ・雑誌類 ・A4書類など

⑤カラーボックスサイズ
約30cm
・書籍 ・シューズ類など

⑥文庫本サイズ
15cm
・CD、DVD ・文庫本
・トイレットペーパーなど

奥行きと用途を理解しよう

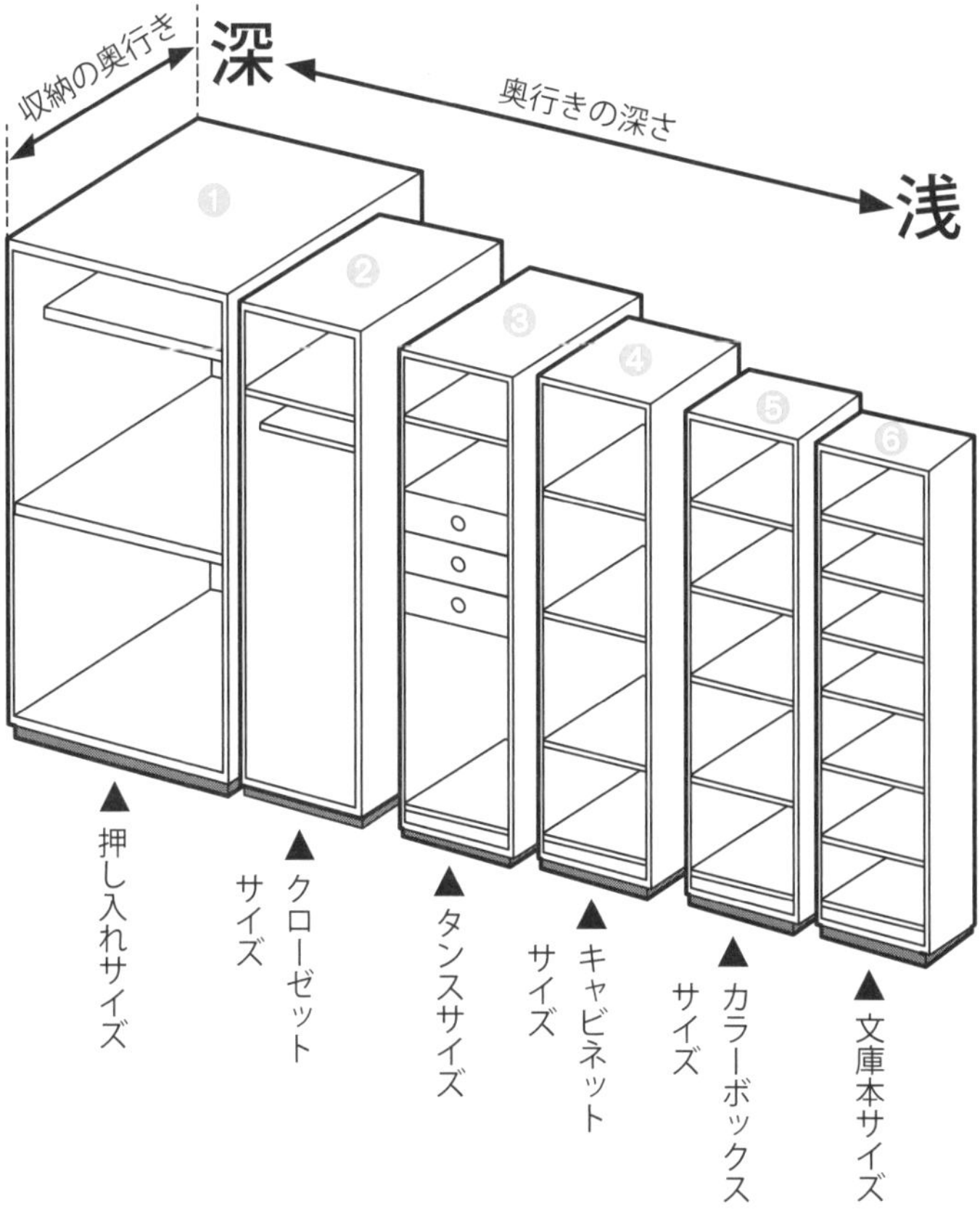

最後の課題

キッチンから始めたお片づけ。みなさん、どこまで進められたでしょうか。

ご自分で撮った写真で、片づけビフォー／アフターを見比べてみましょう。

・アフターの写真はスッキリして見えますか？
・床が見えていますか？
・友人や知人を家に呼べますか？

あなた自身の内面を振り返ってみましょう。

・「私は片づけられる」と思っていますか？
・何でもため込まない人になっていますか？
・主体的になっていますか？

そして家族の変化はいかがですか？

・家の中をウロウロしなくなりましたか？
・会話は増えていますか？
・「ありがとう」が飛び交っていますか？

【彩智語録❸】

「家庭力アッププロジェクト®」の中で投げかけた言葉のうち、
「印象に残った」として受講生のみなさんへのアンケートで
上位に挙がったものをご紹介します。

家の中でよく使うモノって２割程度
使っていないモノ＝必要ないモノだよ！

「こんなモノまであったんだ!?」は、
もういらないモノ

「昔、これ好きだったから取っておく！」は
今の自分は好きではないってことだよ

床にモノがあるなら床から手をつけて。

モノが減っている！と感じやすくなるから

子どものモノは量を決める！

そうしないとどんどん増えていく一方だよ

「収納スペースのゆとりは未来の自分を救う！

だからスペースはある程度あけておくこと！


「これさえできれば片づけ終わり！」

「これで片づけから解放される！」なんてないよ！

死ぬ直前まで一生続くんだから

おわりに

この本を手にキッチンから片づけを始められたみなさん、ひととおり片づけ終えたみなさん、片づけ前にチェックした「あなたの現在地を知るチェックシート」（30ページ）を、156ページでもう一度記入してみてください。大きな変化があったと思います。ただ片づけをしただけなのに、気持ちまでスッキリしましたよね。

探しモノに時間を費やすこともなく、時間に余裕ができていることでしょう。ムダ遣いが減り、お金にも余裕ができていませんか？　そしてなにより、家族で「ありがとう」が増え、笑顔あふれる家庭が実現できているかと思います。

キッチンが片づき、家が片づいたら、次は自分のやりたいことを始めましょう。時間にもお金にも余裕ができました。家が片づいていないことへの後ろめたさもありません。それどころか、片づけたことによって自分に自信を持てていると思います。これからは自分の人生を、自分が描く通りに歩いていきましょうね。

キッチンは家族のライフステージがわかりやすい場所なので、いつでも立ち止まり、見直してみてください。私の場合、子どもたちが高校生になった頃に、外食が増えたり帰宅時間が遅くなったりしました。一緒に食卓を囲むことが少なくなると、取り分けるような大きなお皿をキッチンのゴールデンゾーンから移動しました。このようにキッチンは変化していくのです。

また、最近になって私は自分の老いについても考えるようになりました。重たいお鍋や大きな土鍋は、私が70歳、80歳になっても使っているとは到底思えません。もっと軽くて使い勝手のよい調理器具や食器を揃えると、またキッチンは生まれ変わります。

これからいろいろある人生の中で、また以前のようにキッチンが散らかり、自分に自信がなくなってしまっても大丈夫。あなたは一度家を片づけられたのだから、何度でもやり直すことができます。この本を読み返し、メソッドに沿って片づけを始めてみてください。

実際、私たちのメソッドに沿って「家庭力アッププロジェクト®」を受講した卒業生たちも、同じ方法で何度もやり直し続けています。だから、あなたにもできますよ。安心してくださいね。

私が「家庭力アッププロジェクト®」を始めてよかったと思うのは、片づけを始めたことで「家族との会話が増えた」「夫や子どもが何を思っていたのかわかった」という話を卒業生たちから聞く時です。とてもうれしそうな顔をして、「本当のところがわかり合えた」と話してくれます。家族の気持ちを聞けて、自分の思っていることを言えたということが大切です。ひとつの答えにはたどり着かないかもしれません。でも、家族で起こっている問題の原因がわかることで、家族みんながスッキリするのです。

家庭内のコミュニケーション不足は、片づかない最大の要因です。コミュニケーションが増えると、ただ部屋がキレイになるだけでなく、家族がチームになれます。そして、その先に笑顔と「ありがとう」の回数が自然と増えていきます。家族みんなが「わが家がいちばんいい」って思えること。これが私のめざす片づけのゴールです。

また、片づけたことをうれしそうに話してくれる卒業生の顔は、受講前とは別人のようにやわらかい表情で、輝いています。自分を信じている人の顔です。片づけを通じて本来の自分を取り戻した人の顔です。

私は、このような人を増やしていきたいと考えています。家の片づけや家事にとらわれず、自由に自分の人生を歩けるような人を。ママだけが頑張る、家族のひとりだけ負担が大きい、という日本社会にありがちな現象を止めたいのです。

人はだれでも感謝されるとうれしいですよね。キッチンを片づけたことで、自分に感謝して、家族からも感謝され、「ありがとう」が飛び交う家庭が生まれます。社会の最小単位は家だといわれていますから、この本を読んで片づけを実践されたみなさんの家から伝播して、「ありがとう」が飛び交い、愛にあふれた社会になれたらすてきだなと夢を描いています。

今回の出版にあたり、あらめて多くの方に支えていただいていることを確信しました。株式会社小学館とのご縁をつないでくださったライターの前川亜紀さん、根気よく私の作業につきあってくださった担当編集の宮澤明洋さん、「こうだったらいいな」と想像していた以上の表紙案を作ってくださったイラストレーターの山本香織さん、そしてこの本の製作に関わってくださったすべてのみなさまに深く感謝申し上げます。

さらに、「社会の最小単位である家庭が一番心地良い！」という、私の想いを実現し続けてくれている「家庭力アッププロジェクト®」の受講生のみなさん。みなさんの創り続けている現実が、この本のスタートです。

受講生として出会った時から私の価値観を最大に理解し、私のことや会社の未来を見据え動き続け、一回りも年下なのにまるでお姉ちゃんのように私のことをサポートし続けてくれている、鈴木玲子ちゃんはじめ、それを一緒に、大きな愛を持って創り続けてくれているＨｏｍｅｐｏｒｔスタッフのみんな。そのみんなを支え続けてくださる、ご家族のみなさん。いつも、本当にありがとうございます。

また、私の人生に希望の光を当て、この仕事を始める人生最大のきっかけを与えていただき、常に背中を押し続けてくださっている株式会社ＯｎＬｉｎｅ代表取締役の白石慶次さん。

初対面ながら、私のこの仕事に対する覚悟と思いを汲んでくださり、女性起業家として一歩踏み出す勇気を与えていただき、今なお応援し続けてくださっている天神キャリア塾塾長で旧アヴァンディ編集長の村山由香里さん。

それから、私の人生の最高の応援団であり続けてくれる可絵と武甫。人生いろんなことがあってもママなら大丈夫と言い続けてくれたことが私の原動力です。

そして、いつもどんな時も私のことを支えてくれている主人であり、最高のビジネスパートナーである博ちゃん、あなたたちが家族でいてくれるおかげでここまで来られました。本当にありがとう。

最後に、これまで私の人生に出会ってくださったすべてのみなさまに心から感謝申し上げます。

この本が、愛あふれる社会に向かうきっかけのひとつになることを願って。

２０２３年10月
西﨑彩智

最後に

片づけ前にチェックした

「あなたの現在地を知るチェックシート」を

もう一度記入してみましょう。

大きな変化がありましたか？

あなたの現在地を知るチェックシート

【Q 1】あなたの「現在地」を知るための自己評価シートです。
正直にチェックしてください。

1 □ 自分は本当に恵まれていると思う
2 □ 今の状況は、自分が好きで選択していると自覚している
3 □ 両親や他人など環境のせいにすることはない
4 □ 自分のことを心から信じることができる
5 □ 素直である
6 □ 自分のすべてが大好きだと思える
7 □ 他人を心から信じることができる
8 □ 他人の正しさを受け入れることができる
9 □ 他人を依存させない
10 □ 人の話を聞く時は、相手の立場や背景を酌み取っている
11 □ 相手に合わせて自分のコミュニケーションスタイルを意識的に変化させている
12 □ 正直なコミュニケーションができる

あなたの点数は　　点／12 点中　チェック1つにつき1点でカウント

▶チェックが付かなかった項目は、今後あなたが解決しなければならない課題のひとつです。

【Q 2】チェックが付かなかった項目の中で、
あなたにとって重要だと感じる項目のBEST 3を挙げてください。

	番号を書きましょう。	
BEST 1		1位に挙げた理由を書いてみましょう。
BEST 2		2位に挙げた理由を書いてみましょう。
BEST 3		3位に挙げた理由を書いてみましょう。

キッチン「から」片づければ、家は必ずキレイになる！

2023年12月4日　初版第1刷発行

著　者　西崎彩智
発行者　大澤竜二
発行所　株式会社小学館
〒101-8001　東京都千代田区一ツ橋2-3-1
電話　編集 03-3230-5890
販売 03-5281-3555

印刷所　大日本印刷株式会社
製本所　株式会社若林製本工場

カバー・扉イラスト　山本香織
イラスト・図表　from bond
デザイン　中川 純 (ohmae-d)

制作　宮川紀穂
販売　大礒雄一郎
宣伝　根來大策
編集　宮澤明洋

ISBN 978-4-09-311557-5

西﨑彩智（にしざき・さち）

株式会社Homeport 代表取締役
お片づけ習慣化コンサルタント

1967年生まれ、岡山県出身。

片づけを起点にママたちが自分らしくご機嫌な毎日を送るための「家庭力アッププロジェクト®」や、子どもたちが片づけを通して生きる力を養える「親子deお片づけ」を主宰。

小中高と学校から講演の依頼も多い。昨今は、男性育休取得推進義務化の流れから企業による依頼も多く受け、「男性向け片づけ研修」の開催にも力を入れている。

公式サイト：https://nishizakisachi.com
公式インスタグラム：
https://www.instagram.com/sachi_nishizaki/